NEIL STOKES

SU-85 AND SU-100 ON THE BATTLEFIELD

★ WORLD WAR TWO PHOTOBOOK SERIES ★

volume 9

Kiadja/Published by
PeKo Publishing Kft.
8360 Keszthely, Bessenyei György utca 37.
Email: info@pekobooks.com
www.pekobooks.com

Felelős kiadó/Responsible publisher
Kocsis Péter

Írta/Author
Neil Stokes

A magyar szöveget szakmailag lektorálta/ Hungarian text's proofreading
Dr. Számvéber Norbert

Printed in Hungary

Fotók/Photos
Kocsis Péter, Archive of Modern Conflict (AMC), Mirko Bayerl, Thomas Anderson, Petr Dolezal, Strategia KM, RGAKFD, Corbis, BPK, Süddeutsche Zeitung, AKG-Images, GettyImages, Ria Novosti, HM-HIM

Kiadás éve/First published
2015

ISBN 978-615-80072-0-7
ISSN 2063-9503

KÖSZÖNETNYILVÁNÍTÁS

Mint mindig, e könyv sem egyedül az én erőfeszítéseim eredménye, hanem számos ember együttes munkája. Több személynek is hálával tartozom. Külön köszönetemet szeretném kifejezni Cookie Sewell-nek a sok hasznos tanácsért és segítségért, illetve Stefan De Meyernek és az "Archive of Modern Conflict" csapatának a gyűjteményükből rendelkezésünkre bocsátott fényképekért. Természetesen köszönet illeti Kocsis Pétert is, aki a képanyag zömét beszerezte, biztosította és lehetővé tette a könyv megjelenését.

Neil Stokes

ACKNOWLEDGEMENTS

As always, the research for this book was not only the result of my own efforts but also the collaboration of numerous people. I would particularly like to thank Cookie Sewell for his advice and assistance. My thanks also to Stefan De Meyer and the team at the Archive of Modern Conflict for permission to use photographs from their collection, and of course to Péter Kocsis who contributed the majority of the photographs and made this book possible.

Neil Stokes

BEVEZETŐ

A Nagy Honvédő Háború második évében a 76,2 mm-es és 122 mm-es lövegekkel felszerelt szovjet önjáró lövegeket elsősorban mozgékony tüzérségi eszközökként alkalmazták. A páncélelhárítás feladatát főleg a harckocsik látták el, és erre a célra a T–34 közepes harckocsiba épített 76,2 mm-es F–34 löveg ekkor még megfelelt. 1942 őszén azonban megjelentek az első Pz. Kpfw. VI Tiger I nehézharckocsik, és a szovjet hírszerzés az év telén már a Pz. Kpfw. V Panther-ről is tudomást szerzett. Ezen harckocsik páncélzatával szemben átlagos lő- és harctávolságban a 76,2 mm-es F–34 löveg hatástalannak bizonyult, ezért a szovjet felelős szervek egy jobb páncéltörő képességekkel rendelkező fegyver után néztek.

A Központi Tüzérségi Tervezőiroda (CAKB - Centralnoje Artillerijszkoje Konsztruktorszkoje Bjuro) mérnökeiből álló csoport a 9. számú gyárban 1943 májusában megkezdte a fejlesztési munkálatokat, amelynek az alapját az M1939 (52–K) légvédelmi ágyú képezte. A 9. számú gyár a 85 mm-es D–5 harckocsiágyúról lett ismert, amit kezdetben két változatban gyártottak; a D–5T-t harckocsikhoz, a D–5S-t önjáró lövegekhez. A két fegyver között csupán azok eltérő bekötése jelentett különbséget.

A D–5S löveget a T–34 közepes harckocsi alvázán kialakított SzU–122 önjáró löveg módosított páncéltestébe építették be, és 1943 nyarának kezdetén összehasonlító próbáknak vetették alá a CAKB által tervezett S–18 löveggel szemben. A D–5S ballisztikai szempontok alapján azonos értékekkel bírt, mint az S–18, de sokkal megbízhatóbbnak és könnyebben kezelhetőnek bizonyult. Az átalakított SzU–122 páncéltestbe épített D–5S löveget SzU–85 néven gyártásra ajánlották.

Az SzU–85-öt a szverdlovszki UZTM üzemben állították elő, így annak számos alkatrésze megegyezett az ugyanott gyártott T–34 változattal. Az első járműveket 1943 júliusában szállították le, ezek augusztusban kerültek a harcoló csapatokhoz. A gyártás 1944 augusztusáig tartott, ezalatt összesen 2339 darab harcjármű készült el.

A D–5S gömbcsuklós bekötése mindkét irányba 18°-os vízszintes, illetve -5°– +25°-ig terjedő függőleges irányozhatóságot biztosított a fegyvernek.

A löveghez három különböző páncéltörő lőszert alkalmaztak. Az UBR-365 típusú lőszer egy 9,2 kg-os lövedéket 800 m/s sebességgel juttatott el a célba. Ennek 1000 méteres távolságon 102 mm volt a páncélátütő ereje. Az UBR-365PK azonos sebességgel egy 9,34 kg-os lövedéket lőtt ki, amely 1000 méteres távolságon 84 mm-es páncélzat átütésére volt képes. Az űrméret alatti UBR-365P lőszerhez használt 5,65 kg-os lövedék 1050 m/s sebességgel 103 mm-es páncélzat átütésére volt képes 1000 méteren. A löveghez repesz-romboló lőszert is rendszeresítettek. Az UOF-365K 9,54 kg-os lövedékének sebessége 793 m/s volt. Az SzU–85 önjáró löveg lőszerkészlete 48 darab lőszerből állt.

Mint említettük, az SzU–85 önjáró löveg a T–34 közepes harckocsi bázisán kialakított SzU–122 önjáró lövegből lett képezve. Ennek köszönhetően az SzU–85 a T–34-sel megegyező alvázzal, motorral, sebességváltóval és futóművel rendelkezett. Így az új önjáró löveget egy 38,8 literes, 12 hengeres V-2-34 dízelmotor hajtotta meg, öt fokozatú váltóműve volt, és a meghajtó kerekét hátul helyezték el. A harcjármű 29,6 tonnát nyomott, legnagyobb sebessége 55 km/h, legnagyobb hatótávolsága 400 km volt. Belső üzemanyagtartályaiban 540 liter üzemanyag fért el, amelyet azonban a legtöbb esetben kiegészítettek a jármű külsejére rögzített három vagy négy tartállyal, amelyekben további 270-360 liter üzemanyagot tudott magával szállítani.

A löveget a döntött falú, négy oldalú felépítményben helyezték el, amelynek mindenhol 45 mm volt a páncélvastagsága. A lövegpajzs 60 mm, a tetőpáncélzat 20 mm vastagságú volt. A páncélteknő orr-, oldal és farpáncélzata az SzU–122-hez hasonlóan szintén 45 mm-es vastagságú volt. A fenéklemez 20 mm-es anyagból készült.

A harcjármű személyzete 4 fő volt. A vezető a felépítmény első részében, a bal oldalon foglalt helyet. Közvetlenül mögötte, a főfegyverzettől balra helyezkedett el az irányzó. A parancsnok az irányzóval egy vonalban, a jobb oldalon, a felépítmény első sarkában, a töltőkezelő a bal hátsó sarokban tevékenykedett. A személyzetet önvédelmi célokra ellátták két PPS géppisztollyal is.

Az SzU–85-öt első alkalommal 1943 szeptemberében, a Dnyepr folyó mentén vetették be a német erők ellen. Az önjáró lövegeket általában önálló közepes önjáró tüzérezredekbe szervezték, amelyek közül az elsőket 1943. június végén hozták létre. Ezek a következő hónapban vették át új harcjárműveiket, és a hónap végén, illetve augusztus elején érkeztek ki az arcvonalra. Az ezredek között volt, amelyik új egységként alakult meg, és voltak korábban már létező alakulatok, amelyek addig SzU–122 és/vagy SzU–76 önjáró lövegekkel voltak felszerelve.

Kezdetben a 010/453 számú rendeletnek megfelelően minden egyes ezredet 16 SzU–85-tel szereltek fel, amelyeket négy, egyenként négy önjáró lövegből álló ütegbe soroltak be. Ezeken felül az ezredparancsnok rendelkezett egy T–34 harckocsival is. A 230 fős összlétszámú ezrednek saját ellátó-, karbantartó és műszaki alegysége is volt. 1944 január-februárjában azonban a 010/462 számú előírás értelmében megváltozott az önjáró tüzérezredek szervezeti felépítése. Az ütegek állományát 5 önjáró lövegre emelték, illetve az ezredparancsnok T–34 harckocsijának helyére szintén egy SzU–85 került. Így az ezred összesen 21 SzU–85-tel, továbbá 38 támogató járművel rendelkezett. Ugyanebben az időpontban rendelték el az önjáró tüzérezredek megerősítését egy saját géppisztolyos lövészszázaddal is, 318 főre emelve az összlétszámot.

A Nagy Honvédő Háború során az RKKA parancsnoksága alatt álló lengyel egységek is használtak SzU–85 önjáró lövegeket, illetve a háborút követően is szállítottak ilyen harcjárműveket Lengyelország részére. A csehszlovák 1. önálló harckocsidandár szintén számos SzU–85-öt használt T–34 közepes és T–70M könnyűharckocsijai mellett.

Az 1944 tavaszától rendszerbe álló T–34/85 közepes harckocsi megjelenésével tűzerő tekintetében megszűnt az SzU–85 egyeduralma, és már 1944 februárjában megkezdődtek az önjáró löveg fegyverzetének megerősítésére tett kísérletek. A 9. számú gyár javában dolgozott a 100 mm-es D–10S löveg kifejlesztésén. Az első, ilyen löveggel felszerelt prototípus, az Objekt 138 az év márciusára készült el. Annak ellenére, hogy a CAKB politikai manőverei ugyan lassították a terv megvalósulását, a Honvédelmi Bizottság 1944. július 3-án kelt 6131. számú rendeletében SzU–100 néven sorozatgyártásra elfogadta és megrendelte a harcjárművet.

A 100 mm-es D–10S lövegek leszállítása azonban komoly problémát jelentett, mivel gyártásuk még nem futott fel teljes mértékben. Az UZTM gárdája, amely az SzU–100-t tervezte, felkészült a problémára, és eleve úgy tervezte a járművet, hogy az önjáró löveg felfüggesztése mind a 85 mm-es, mind a 100 mm-es löveg befogadására alkalmas legyen. A gyártás 1944. szeptemberi megindulásakor a szeptember és november között leszállított SzU–85M megnevezésű első 135 harcjárművet 85 mm-es löveggel szerelték fel.

A termelést november végén állították át az SzU–85-ről az SzU–100-ra. 1945 májusának elejéig, az európai harcok végéig körülbelül 1400 darab SzU–100-at szállítottak le. A gyártás azonban a háború után is folytatódott, egészen 1946 márciusáig. Addig az időpontig összesen 2722 darab jármű hagyta el a gyárat. Egyes források szerint 1947-ben további 198 járművet is elkészítettek és kiszállítottak. Ebbe a mennyiségbe ugyanakkor nem tartozik bele az a további 771 darab önjáró löveg (ebből egy darab a prototípus volt), amelyet a prágai CKD gyártott licenc alapján. Ezen utóbbi harcjárművek közül 460 darabot a csehszlovák hadsereg vett át, a többi külföldi szövetségesekhez és más államokhoz került.

A 100 mm-es D–10S löveget egy áttervezett bekötésbe építették bele, amely vízszintesen 16°-16°-os, függőlegesen -2°–+17°-os irányozhatóságot tett lehetővé. A csökkent értékeket a lövegzár nagyobb mérete indokolta.

A D–10S lövegpajzsa némileg eltért a 85 mm-es D–5S lövegnél alkalmazottól. A kisebb löveg pajzsa rendelkezett egy vastagabb gyűrűvel a löveg tövénél, amelyben hat rögzítő csavar tartotta a lövegpajzsot. A 100 mm-es löveg esetében ez a gyűrű már nem volt meg, a csavarok magába az öntvénybe kerültek.

A D–10S löveghez kétféle páncéltörő lőszert alkalmaztak: az UBR-412 897 m/s sebességgel 15,8 kg-os lövedéket juttatott célba, amely 1000 méteres távolságon 135 mm páncélzat átütésére volt képes. A ballisztikai kúppal ellátott UBR-412B lövedéke szintén 15,8 kg volt, ám 990 m/s sebességgel 1000 méteren 149 mm-es páncélvastagságot ütött át. A löveg alkalmas volt az UOF-412 repesz-romboló lőszer kilövésére is, amely 892 m/s sebességgel röpítette ki a 15,9 kg-os lövedéket. Az SzU–100 előírás szerinti lőszer-javadalmazása 33 darab lőszer volt, amelyet általában 18 páncéltörő és 15 repesz-romboló elosztásban málházták be.

Vezetés-technikailag és műszaki szempontok alapján a megegyező alváz, motor, váltómű és futómű miatt az SzU–85M és az SzU–100 megegyezett. A nehezebb löveg és lőszer azonban 31,6 tonnára növelte az SzU–100 tömegét, ezáltal 48 km/h-ra csökkentve a jármű legnagyobb sebességét, illetve 320 km-re a legnagyobb hatótávolságát. A betölthető üzemanyag mennyisége megegyezett az SzU–85 önjáró lövegével.

Az SzU–85M és az SzU–100 azonban több volt egy átfegyverezett SzU–85-nél. A 100 mm-es löveg nagyobb zárszerkezete miatt a felépítményt átalakították és a frontpáncélzatot 75 mm vastagságúra növelték. A D–10S lövegpajzsa 110 mm vastag lett. A páncélzat többi része megegyezett az SzU–85 méreteivel. A parancsnok számára egy körkörös, négy figyelőprizmával ellátott parancsnoki kupolát szerkesztettek a küzdőtér tetejének jobb első szélére, és egy további szellőztető ventilátort építettek a küzdőtér tetőlemezébe.

Akárcsak az SzU–85, az SzU–85M és az SzU–100 is négyfős személyzettel harcolt, akik ugyanúgy helyezkedtek el a harcjárműben. A katonák önvédelmére szintén két PPS géppisztoly állt rendelkezésre, amelyeket később AK–47 gépkarabélyra cseréltek.

Az SzU–100 1944 decemberétől kezdte felváltani a közepes önjáró tüzérezredek SzU–85-eit, bár sok egység a háború végéig a gyengébb fegyverzetű változattal harcolt. Az egységek állománytáblájára továbbra is a 010/462. számú rendelet vonatkozott. 1945 elején az RKKA elképzeléseinek megfelelően létrehozták az első, három (egyenként 21 harcjárművel felszerelt) ezredből kialakított közepes önjáró tüzérdandárokat (további két SzU–100-sal és három SzU–76-sal a dandárparancsnoki törzsében), amelyeket hadsereg- vagy front-tartalékként lehetett alkalmazni. A háború végéig négy ilyen dandárt szerveztek. Az SzU–100 első tömeges alkalmazására (három ezreddel) Magyarországon került sor, a német „Konrad" hadművelet elhárítása során, 1945 januárjában.

Az SzU–100-ok a Németország ellen vívott háború összes arcvonalán részt vettek a harcokban, egészen az 1945. május eleji fegyverletételig. Az SzU–100-okkal felszerelt ezredek egy részét júliusban átirányították az 1945. augusztus 5-én 1. Távol-keleti Frontnak átkeresztelt Tengermelléki Csoporthoz, illetve további egységeket vezényeltek a Transzbajkáli Fronthoz. Ezek az egységek részt vettek Mandzsúria 1945. augusztus 9-i megszállásában és egészen szeptember 2-ig, a japán fegyverletételig folytatták a harcot.

Az SzU–100 önjáró lövegek 1957-ig álltak szolgálatban a Szovjet Hadseregben. Ezt követően számos harcjármű zárolt tartalékba, illetőleg a Varsói Szerződés szövetséges államaihoz került. Jugoszlávia szintén kapott az SzU–100-okból, amelyeket még az 1990-es évek elején dúló polgárháborúban is bevetettek. Miután a szovjet erők 1950 végén elhagyták Daliant, 99 darab SzU–100-t eladtak Kínának. Ezek a Népi Felszabadító Hadseregben teljesítettek szolgálatot, ám tényleges harci bevetésükről nincs információ.

Legalább 80, a CKD által gyártott SD-100-t adtak el Szíriának és legkevesebb 100 darabot Egyiptomnak, ahol azokat fel is használták az 1956-os szuezi válság, illetve az 1967-es és 1973-as Izrael elleni háborúk során. Az egyiptomiak által elvégzett módosításokkal átalakított járművek (megemelték az első sárvédőket és megnövelték a kipufogókat) SzU–100M elnevezést kaptak. Az SzU–100/SD-100-at alkalmazó államok közé tartozott még Angola, Kuba, Vietnam és Észak-Korea is.

Az SzU–85 és az SzU–100 a Nagy Honvédő Háború második felében és az azt követő években rendkívül hatásos páncéltörő képességekkel vértezte fel a Vörös Hadsereget és szövetségeseit. Általános harctávolságban mindkét harcjármű eredményesen fel tudta venni a harcot a leggyakrabban velük szembe kerülő Pz. Kpfw. IV, Panther és Tiger I páncélosokkal, ugyanakkor egyik sem volt képes szemből átütni a Tiger II vagy a Jagdtiger homlokpáncélzatát. Az SzU–100 mindazonáltal hatásos fegyver maradt az 1970-es évekig, és néhány kisebb hadseregben, mint például a Vietnami Néphadseregben és a Koreai Néphadseregben még napjainkban is szolgálatban áll.

Neil Stokes

INTRODUCTION

In the first year of the Great Patriotic War, Soviet self-propelled guns were primarily intended for the mobile artillery role, mounting 76.2mm and 122mm guns. The anti-armour role was performed mainly by tanks and the 76.2mm F-34 gun mounted in the T-34 Medium Tank was adequate for this purpose. By the autumn of 1942 however, the first Pz.Kpfw. VI Tiger I heavy tanks began to appear and over the ensuing winter, Soviet Intelligence gained word of the forthcoming Pz.Kpfw. V Panther. The 76.2mm F-34 gun was inadequate to defeat the heavy armour of these tanks at normal combat ranges, so Soviet authorities began to search for a weapon with better anti-armour performance.

In May 1943, the artillery design teams at TsAKB (Central Artillery Design Bureau) and Factory No.9 began development work on 85mm anti-tank guns based upon the Air Defense Gun Model 1939 (52-K). Factory No.9's gun became known as the 85mm Tank Gun D-5 and was eventually produced in two variants: the D-5T for tanks and the D-5S for self-propelled guns. The only difference between the two variants was their mountings.

The D-5S gun was fitted to the modified hull of an SU-122 self-propelled gun, which was in turn based on the chassis of the T-34 Medium Tank, and tested during the early summer in comparative trials against the S-18 gun developed by TsAKB. The D-5S was found to have equivalent ballistic performance to the S-18 but was more reliable and easier to operate. The D-5S gun in the modified SU-122 hull was approved for production as the SU-85.

The SU-85 was manufactured by UZTM in Sverdlovsk and shared a high proportion of components from the T-34 Medium Tank variant produced by that factory. The first vehicles were delivered in July 1943 and reached front-line units in August. Production continued until August 1944, and a total of 2339 vehicles were delivered during this period.

The D-5S gun was carried in a ball mount that allowed the weapon to traverse 18° to either side. Elevation was -5° to +25°. The D-5S gun fired three different types of armour-piercing ammunition. The UBR-365 round fired a 9.2kg projectile at 800 m/s and could penetrate 102mm of armor at 1000m. The UBR-365K fired a 9.34kg projectile at 800 m/s and could penetrate 84mm of armor at 1000m. The UBR-365P sub-calibre round fired a 5.65kg projectile at 1050 m/s and could penetrate 103mm of armor at 1000m. The gun could also fire the UOF-365K HE round, which contained a 9.54kg projectile, at 793 m/s. The SU-85 carried an ammunition load of 48 rounds.

As noted above, the SU-85 was derived from the SU-122 which in turn was based on the T-34 Medium Tank. The SU-85 shared a common lower hull, engine, drive train and running gear with the T-34. The SU-85 was powered by a 38.8 litre 12-cylinder V-2-34 diesel engine, which drove the tracks through a 5-speed transmission and rear-mounted drive sprockets. The vehicle weighed 29.6 metric tons, had a top speed of 55kph (34mph) and an operational range of 400km (248 miles). The SU-85 carried 540 litres of fuel internally, though this was typically supplemented with an additional 270-360 litres carried in three or four external tanks on the upper rear hull.

The weapon was mounted in a four-sided superstructure with sloped sides, featuring 45mm of armor on all faces. The gun mantlet was 60mm thick and the roof was 20mm thick. The lower hull featured the same 45mm armor protection on the front, sides and rear as the SU-122. The hull floor was 20mm thick.

The SU-85 carried a crew of four. The driver sat in the front left-hand corner of the superstructure. The gunner was immediately behind him, to the left of the main armament. The vehicle commander was situated opposite the gunner in the front right-hand corner of the superstructure, while the loader was in the rear left-hand corner. The crew were provided with two PPSh submachine guns for personal defense.

The SU-85s first action against German forces was along the Dnieper in September 1943. SU-85s were typically deployed in independent medium self-propelled artillery regiments. The first such regiments were formed in late June 1943, received their vehicles in July and reached the front in late July or early August. Some regiments were equipped with the SU-85 from their formation though other units previously equipped with the SU-122 and/or SU-76M transitioned to the SU-85.

Initially, each regiment was equipped with 16 SU-85s organized into four batteries of four vehicles each, plus a T-34 for the regimental commander under Regulation 010/453. Each regiment also had its own supply, maintenance and engineer unit and had a total strength of 230 personnel. In January/February 1944 however, the organization was changed under Regulation 010/462 to provide four batteries of five vehicles each, with an additional SU-85 for the regimental commander, giving a total of 21 SU-85s in the regiment plus 38 support vehicles. At that time, an organic submachine gun rifle company was also added for a total personnel strength of 318.

A number of SU-85s were used by Polish units under RKKA command during the Great Patriotic War and were transferred to Poland at the end of the war. The 1st Czechoslovakian Independent Tank Brigade used several SU-85s alongside its T–34s and T-70Ms.

With the appearance of the T-34/85 Medium Tank in the spring of 1944, the SU-85 no longer offered a clear advantage in firepower. As early as February of that year, development work began up-gunning the SU-85. Factory No.9 was already working on the 100mm D-10S gun and the first prototype mounting this gun, designated Objekt 138, was completed in March. Political maneuvering by TsAKB delayed the introduction of the design but the State Defense Committee nonetheless issued Decree 6131 on July 3rd accepting the vehicle for production as the SU-100 and ordering production to commence.

Obtaining an adequate supply of 100mm D-10S guns was a serious issue since production had not yet been fully established. This problem had already been anticipated by the design bureau at UZTM who designed the SU-100 such that the vehicle could mount the 85mm or the 100mm gun in the same mount. When production commenced in September 1944, the first 315 vehicles delivered between September and November mounted 85mm guns with the designation SU-85M.

SU-85M production ceased in favor of the SU-100 at the end of November. Approximately 1400 SU-100s were delivered by the end of hostilities in early May 1945, but production continued after the war with a total of 2722 vehicles delivered by the time UZTM ceased production in March 1946. Some sources indicate that production was restarted in 1947 and a further 198 vehicles were delivered in that time. These numbers do not include license production by ČKD in Prague between 1953 and 1957, when a further 771 vehicles (including one prototype) were delivered. 460 of these went to the Czech Army while the remainder were sold to foreign allies and client states.

The 100mm D-10S gun was fitted in a redesigned ball mount that allowed the weapon to traverse 16° to either side. Elevation was -2° to +17°. The reduction in traverse and elevation was primarily due to the larger size of the gun breech.

The gun shield for the D-10S gun was different from that of the 85mm D-5S. The 85mm gun's shield featured a thick annular ring around the base of the barrel which housed six mounting bolts for the gun shield. The shield for the 100mm gun lacked this prominent ring and instead featured six individual flared segments for the mounting bolts.

The D-10S gun fired two different types of armour-piercing ammunition. The UBR-412 fired a 15.8kg projectile at 897 m/s and could penetrate 135mm of armor at 1000m. The ballistic capped UBR-412B also fired a 15.8kg projectile at 990 m/s and could penetrate 149mm of armor at 1000m. The gun could also fire the UOF-412 HE round, with a 15.9kg projectile, at 892 m/s. The SU-100 carried a normal ammunition load of 33 rounds, typically divided into 18 armour-piercing and 15 HE rounds.

The SU-85M and SU-100 were automotively identical to the SU-85 with the same lower hull, engine, drive train and running gear. The heavier gun and ammunition increased the weight of the SU-100 to 31.6 metric tons, reducing top speed to 48kph (30mph) and reducing range to 320km (199 miles). Fuel capacity was identical to that of the SU-85.

The SU-85M and SU-100 were more than just a re-armed SU-85. The superstructure was redesigned to accommodate the larger breech of the 100mm gun and the frontal armor was increased to 75mm. The gun mantlet for the 100mm gun was 110mm thick. Other armor thicknesses remained the same as for the SU-85. A cylindrical cupola with four vision ports and a rotating periscope provided improved vision for the commander, and an additional ventilator was fitted in the roof of the fighting compartment.

Like the SU-85, the SU-85M and SU-100 carried a crew of four. They were located in the same positions as in the SU-85. The crew were provided with the same two PPSh submachine guns for personal defense though these were later updated to AK-47s.

The SU-100 began to replace the SU-85 in medium self-propelled artillery regiments from December 1944 onwards, though many units retained their SU-85s for the duration of the war. The unit organization remained the same, under Regulation 010/462. In early 1945 also, andin accordance with the RKKA's philosophy of rapid deployment reserves under Army-level or Front-level control, the first medium self-propelled artillery brigades were formed with three regiments of 21 SU-100s, plus two brigade command vehicles and an additional three SU-76s. Four such brigades were formed before the war's end. The first en masse use of the SU-100 (with three regiments from 1st Guards

Mechanized Corps) was against the German Konrad offensive in Hungary near Bicske in January 1945.

SU-100s served in all areas of the Eastern Front against Germany until the cessation of hostilities in early May 1945. In July, a number of regiments equipped with the SU-100 were transferred to the Maritime Group of Forces, which was renamed the 1st Far Eastern Front on 5th August, and a further number were transferred to the Transbaikal Front. These units participated in the Soviet Invasion of Manchuria on 9th August and fought until 2nd September when the offensive halted upon the Japanese surrender.

The SU-100 remained in Soviet Army service until 1957, but many vehicles were thereafter retained in reserve stocks or transferred to Warsaw Pact allies. Yugoslavia also received a number of SU-100s and used their vehicles as late as the Civil War in the early 1990s. 99 SU-100s were sold to China after Soviet forces left Dalian at the end of 1950. They saw service with the People's Liberation Army but there is no evidence to suggest they were used in action.

At least 80 SD-100s manufactured by ČKD were sold to Syria and at least 100 went to Egypt, where they were used in the 1956 Suez Crisis as well as in later actions against Israel in 1967 and 1973. The Egyptians made some modifications to their vehicles with raised front fenders and extended exhausts, and redesignated them SU-100M. Other countries fielding the SU-100/SD-100 included Angola, Cuba, Vietnam and North Korea.

The SU-85 and SU-100 provided a highly effective anti-armour capability to the RKKA and its allies in the latter years of the Great Patriotic War and in the immediate post-war period. Both vehicles were quite capable of engaging and defeating the most commonly encountered Pz.Kpfw.IV, Panther and Tiger I at normal combat ranges, though neither vehicle could defeat the frontal armor of the Tiger II or Jagdtiger. Nonetheless, the SU-100 remained an effective weapon until the 1970s and is still in service with a number of smaller armies, such as the Vietnam People's Army and the Korean People's Army, to the present day.

Neil Stokes

Az 1943 tavaszán, egy csapatpróba során készült fényképen a D–5S löveggel felszerelt SzU–85-II prototípusa látható. A járművön a később sorozatban gyártott önjáró lövegek számos ismertetőjegye felismerhető, többek között az egyetlen forgatható figyelőműszerrel ellátott négyzetes alakú parancsnoki kupola. Ugyanakkor több eltérést is felfedezhetünk, mint például a lövegpajzsra erősített gyűrű a lövegcső tövénél és a lövegpajzsra hegesztett emelőgyűrű.

This photo shows the SU-85-II prototype armed with the D-5S gun, designated SU-85-II, photographed during trials in the spring of 1943. The vehicle displays many characteristics in common with later series production examples such as the rectangular commander's cupola with its single rotating periscope, but also exhibits several differences such as the segmented machined ring on the gun shield around the base of the barrel, and the separate lifting ring welded to the top of the gun shield.

Az UZTM gyárudvarán, 1943 júniusában készült fénykép az SzU–85-II prototípusának bal oldalát fedi fel. Figyeljük meg a felépítmény hátsó, alsó sarkát és a páncéltestet összekötő háromszög alakú páncéllemezt. Ennek az elemnek azt a bizonyos „találati csapdát” kellett kiküszöbölnie, amit a felépítmény és a páncéltest oldalfalainak dőlésszög-különbsége okoz. Míg a felépítmény oldalpáncélzata 20°, addig a páncéltesté 40°-os szögben tér el a függőlegestől. A képen a 85 mm-es D–5S löveg a maximális +25°-os emelkedési szögben látható.

This photo, taken in the factory yard at UZTM in June 1943, reveals the left-hand side of the SU-85-II prototype. Note the small triangular armor plate between the lower rear corner of the superstructure side, and the upper rear hull. This plate was intended to eliminate a potential 'shot trap' at the juncture of the 20° superstructure side and the 40° hull side. The 85mm D-53 gun is at its maximum +25° elevation.

Az SzU–85-II prototípusáról készült második fényképen jól látható az irányzó két közelharcnyílása: egy a homlokpáncélon, egy pedig a felépítmény bal oldalának felső sarkában. A személyzet ezeken a nyílásokon keresztül tudta a két PPS géppisztoly egyikét használni a támadó gyalogság ellen. A nyílásokat a felépítmény belső falára rögzített kilincsekkel, egy-egy páncélozott dugóval lehetett lezárni.

A second photo of the SU-85-II prototype reveals the two pistol ports for the gunner – one in the front face of the superstructure and the other in the upper forward corner of the left-hand side. These ports were intended for close-in defense, where a crew member could use one of two PPSh sub-machine guns to fend off attacking infantry. The pistol ports were normally closed by armored plugs on steel cords, which were secured with folding latches on the inside of the superstructure.

Strategia KM

Gyári munkások pózolnak egy sorozatgyártású SzU–85-ön. A parancsnoki kupolára hegesztett pótpáncélzat alapján ez egy korai gyártású jármű. A balról harmadik futógörgő bordázott gumifelülete és a kipufogó „csipkézett” szélű borítása – ami szokatlan az UZTM gyárban készült páncélosoknál – arra enged következtetni, hogy ezt az önjáró löveget tábori körülmények közepette alakították át, majd küldték vissza gyári nagyjavításra. A felépítményen olvasható feliratok jelentése „Halál a német betolakodókra!” és „Pusztítsd a Tiger harckocsikat!”

Another factory photo shows workers posing with a series production SU-85. The vehicle is revealed as an early production example by the applique armour welded to thecommander’s cupola. Note the ribbed tread on the third road wheel from the left in the picture, while the other wheels lack the ribs. This and the scalloped exhaust covers, which are unusual at UZTM, suggest that this vehicle has been modified in the field and returned to the factory for overhaul. The slogans read ‘Death to German Invaders’ and ‘Destroy Tiger Tanks’.

RGAKFD

Egy SzU–85 majdnem teljesen elkészült állapotban a szverdlovszki UZTM gyárban 1943 végén. Figyeljük meg az áthelyezett közelharcnyílást a felépítmény oldalán! Ennek előrébb és lejjebb helyezésével a parancsnok könnyebben hozzáfért, illetve a rádiókészülék és más belső felszerelési tárgyak is több helyet kaptak. A harcjármű lövegének még a korai kivitelezésű bekötése van, amelyen a későbbi hat helyett csak négy csavar rögzíti a lövegpajzsot.

An SU-85 nears completion at UZTM in Sverdlovsk in late 1943. Note the repositioned pistol port on the right-hand side of the superstructure. The port was moved further forward to improve accessibility for the commander, and this required it to also be moved lower down the superstructure side in order to clear the radio equipment and other internal stowage. The vehicle retains the early style gun mount with four, rather than six, attachment bolts for the gun shield.

Péter Kocsis Collection

Német katonák vizsgálnak egy kilőtt SzU–85-öt. Az áthelyezett jobb oldali közelharcnyílás, a parancsnoki kupolára hegesztett tartalékpáncél, a lövegpajzsra különállóan (nem pedig egybeöntve) rögzített emelőgyűrű, a lövegpajzsot rögzítő négy csavar és a későbbiekben a homlokpáncélra helyezett tartalék lánctagok rögzítőjének hiánya alapján ez a jármű 1943 végén készült. Külsérelmi nyom nem látható, az enyhén hátrasiklott helyzetben álló löveg azonban azt sugallja, hogy egy belső sérülés végezhetett a járművel.

German soldiers examine a knocked-out SU-85. This vehicle is revealed as a late 1943 production example by the repositioned pistol port on the right-hand side, applique armour welded to the commander's cupola, separate (rather than integral) lifting ring on the top of the gun shield, four attachment bolts for the gun shield, and the absence of spare track mounting points on the glacis. No penetration is visible but the slightly recoiled gun barrel shows that the vehicle has suffered internal damage.

Péter Kocsis Collection

Az előző fényképen látható SzU–85. A két első futógörgőről hiányzó gumi és az alattuk felgyülemlett hamu arra utal, hogy a harcjármű valószínűleg a küzdőtér jobb első részében elhelyezett üzemanyagtartályból kiszivárgó üzemanyag miatt gyulladt ki. A hiányzó első sárvédő és a körülötte látható sérülések alapján a járművet a páncélteknő jobb oldalának alján érhette találat. Figyeljük meg a két tartalék lánctagot a felépítmény oldalára erősített kapaszkodóban!

This is the same vehicle as shown in the previous photo. The missing tires and piles of ash around the forward two road wheels indicate that the vehicle caught fire, probably as a result of fuel leaking from the fuel tank located in the forward right-hand corner of the fighting compartment. The missing front fender and other damage in that area suggests the vehicle was hit in the lower forward hull side. Note the two spare track links carried in the hand rails on the side of the superstructure.

A Vörös Hadsereg katonái egy, a parancsnoki kupola pótpáncélzata alapján korai gyártású SzU–85 körül csoportosulnak. Jól látható a felépítmény 10°-ban döntött hátsó oldala. A személyzet felnyitotta a motortér szellőzőrácsát, hogy hozzáférjen az alatta elhelyezett két üzemanyagtöltő nyíláshoz. Úgy tűnik, a személyzet egyik tagja a negyedik futógörgő agyát vizsgálja, míg társa a sarat próbálja meg lekaparni a lánctalpról.

This photo shows RKKA soldiers clustered around another early production SU-85, as indicated by the applique armour on the commander's cupola. The photo clearly shows the angle of the rear superstructure armour plate, which was sloped at 10° from the vertical. The crew has opened the rear exhaust grille on the engine deck in order to access the two refuelling ports beneath. One crew member appears to be examining the hub of the fourth road wheel while his comrade scrapes mud from the track.

Gyalogságot szállító harcjárművek oszlopa tart az arcvonal felé, köztük egy korai gyártású SzU–85. A lövegpajzsot négy csavar rögzíti, a jármű homlokpáncélján nincsenek fent a tartalék lánctagok tartói. Két futógörgőt gumírozás nélküli fémgörgőre cseréltek: az ilyesmi gyakran előfordult, akár a harc közben elszenvedett sérülés, akár a hétköznapi elhasználódás miatt.

A column of vehicles, including an early production SU-85, advances toward the front carrying a heavy load of infantry. The four bolts attaching the gun shield, and the absence of mounting points for spare track links on the glacis, indicate the SU-85 is an early production example. Two of the road wheels have been replaced with all-steel wheels. Such replacements were common due to battle damage or simply due to routine wear on the rubber tires.

Az előző képen is látható SzU–85-ön ülő katonák köszönnek a kamera irányába. A parancsnoki kupola pótpáncélzata a korai gyártást sejteti. A járműről szinte az összes külső felszerelés hiányzik. Az első sárvédő komoly sérülést szenvedett, a hátsó pedig teljesen hiányzik. Ezek a sérülések nagyon gyakoriak voltak nehéz terepen vagy erdős területen.

RKKA soldiers salute the camera from atop the same SU-85 shown in the previous photo. This vehicle is further revealed as an early production example by the applique armour on the side of the commander's cupola. Almost completely devoid of external stowage, the vehicle has suffered considerable damage to the front fender while the rear fender is missing completely. Such damage was common when operating in rough terrain or wooded areas.

RGAKFD

Az 1. Ukrán Front egy korai gyártású SzU–85-e (négy csavarral rögzített lövegpajzs) és egy T–34-e számos megsemmisített német jármű között gázol át az ukrajnai Szkalától délre a Dnyeszter folyón 1944 tavaszán. A járművön szállított üzemanyaghordók, a vezető nyitott búvónyílása és a személyzet nyugodt viselkedése arra utal, hogy az arcvonal távolabb van, ám a lövészek így is készenlétben tartják fegyvereiket.

An early production SU-85 (note the four attachment bolts for the gun shield) and a T-34 from the 1st Ukrainian Front ford the Dniester River past numerous destroyed German vehicles south of Skala, Ukraine in the spring of 1944. The fuel drums carried on the vehicle, open driver's hatch and the relaxed attitude of the crew suggest that this photo was taken some distance from the front lines though the infantrymen on the rear deck appear to have their weapons at the ready.

Egy újabb katonákat szállító, folyón átkelő SzU–85 1944-ben. A parancsnoki kupola jobb oldaláról hiányzó pótpáncélzat alapján a járművet 1944 során gyártották. A sárvédőre és a farpáncélra helyezett álcázóanyagok eltakarják a kipufogók páncélozott borítását, amelyeket az UZTM által ekkoriban gyártott T–34-ekre is jellemzően hét-hét csavarral rögzítettek.

Another photo of an SU-85, also loaded with troops, during a river crossing in 1944. The absence of applique armor on the right-hand side of the commander's cupola indicates that this is a 1944 production example. The foliage carried as camouflage on the fenders and rear deck obscures the armoured exhaust covers, which are attached with seven bolts each, in common with T-34s manufactured by UZTM at the same time.

Szovjet civileket ismertetnek meg néhány SzU–85-sel. A kép előterében látható jármű a korai gyártású páncélosok olyan tipikus jegyeit viseli magán, mint például a pótpáncélzat a parancsnoki kupola jobb oldalán. A felépítmény oldalán olvasható ”Alexandr Szuvorov” felirat tisztelgés az Orosz Birodalom utolsó tábornoka, Alexander Vasziljevics Szuvorov (1729–1800) előtt, aki az orosz nép hőseként arról vált híressé, hogy soha nem vesztett csatát.

Several SU-85s are shown to a group of Soviet civilians. The vehicle in the foreground displays typical early production features such as the applique armour on the right-hand side of the commander's cupola. The inscription on the superstructure side reads 'Alexandr Suvorov' in honour of Alexander Vasilyevich Suvorov (1729 – 1800), last Generalissimo of the Russian Empire and a Russian national hero who is reputed to have never lost a battle.

Német csapatok zsákmányává lett SzU–85 műszaki mentése egy 18 tonnás Sd. Kfz. 9 félhernyótalpas vontató segítségével. A németek számos önjáró löveget zsákmányoltak, és ezek közül legalább egyet hátra szállítottak a németországi Kummersdorfba, hogy a szárazföldi haderő Fegyverzetügyi Hivatala (Heereswaffenamt) kiértékelje a jármű tulajdonságait és harcértékét. Emellett több SzU–85-öt szolgálatba is állítottak, azonban ezt nem nagyarányú átszervezési program keretein belül hajtották végre, csupán egyes alakulatok éltek a lehetőséggel.

An SU-85 captured by German forces is recovered with the assistance of an Sd.Kfz.9 18-ton half-track. A number of SU-85s were captured on the battlefield. At least one was sent to Germany for technical evaluation by Heereswaffenamtat Kummersdorf. Several were placed into service by German forces against their former Soviet owners, though photographs suggest that this was done by individual units on an ad-hoc basis and not as any form of large scale organized rebuilding program.

Egy korai gyártású SzU–85 átadás előtti műszaki próbája a Szverdlovszk közeli gyakorlótéren, 1943 őszén. Annak ellenére, hogy a járműnek korai, négy rögzítési pontú lövegpajzsa és hegesztett emelőgyűrűje van, illetve tábori körülmények között felszerelt kapaszkodók láthatóak a felépítmény oldalán, mégsem rendelkezik pótpáncélzattal a parancsnoki kupola jobb oldalán és elején. Figyeljük meg a két kapaszkodó rudat a motortéren, amiket minden sorozatgyártású SzU–85-re felszereltek!

An early production SU-85 undergoes automotive testing at the proving ground near Sverdlovsk in the autumn of 1943, prior to delivery to the RKKA. While this vehicle features the early style gun shield with four attachment bolts and separate, welded-on lifting ring, along with the fabricated hand rails on the superstructure sides, it lacks the applique armour plates on the front and right-hand side of the commander's cupola. Note the twin hand rails on the engine deck, fitted to all production SU-85s.

Ezt az 1944 tavasza előtt gyártott SzU–85-öt (kapaszkodó a felépítmény hátsó oldalán) olyan átütő találat érte, amely belső robbanáshoz, s ezáltal a küzdőtér jobb oldalának szétrobbanásához vezetett. Látható a 85 mm-es D-5S löveg hátsó része, akárcsak a legelső futógörgő tekercsrugója, amely belül csatlakozott a lengőkarhoz. A többi görgő egy-egy nyíláson keresztül volt a lengőkarjához rögzítve.

This SU-85, manufactured before the spring of 1944 judging by the fabricated hand rail on the rear of the superstructure, has suffered a penetrating hit and an internal explosion that has blown out the right hand side of the fighting compartment. The breech of the 85mm D-5S gun is visible, as is the coil spring from the foremost road wheel, which was linked to the suspension swing arm by an internal crank rather than an external arm moving through an aperture in the hull side as can be seen further aft.

RGAKFD

Az SzU–85-ök személyzetei téli álcázást visznek fel önjáró lövegeikre, mielőtt elhagyják a szverdlovszki gyárat 1943-1944 telén. Az újonnan felállított ezredek, illetve azok, amelyeknek az állománya más harcjárművekről lett átképezve az SzU–85-re, általában Moszkva közelében, Zagorszkban kapták meg kiképzésüket. Ezt követően a kezelőszemélyzetek, mielőtt elindultak volna a számukra kijelölt hadsereg vagy front körzetébe, a Tartalék Főparancsnokság felügyelete alatt Szverdlovszkba utaztak az UZTM gyárba és átvették saját páncélosaikat.

SU-85 crews apply white-wash as winter camouflage to their vehicles before leaving the factory in Sverdlovsk during the winter of 1943/44. Newly formed regiments or those transitioning to the SU-85 from other vehicles typically underwent training at Zagorsk, near Moscow, on vehicles belonging to the training centre. They then traveled to UZTM at Sverlovsk under administrative control of the Reserve High Command, where they took delivery of their own equipment before moving on to their assigned Army/Front.

RGAKFD

A képen jól látható a homlokpáncélon az irányzóműszernek helyet adó lekerekített páncélozott burkolat és az első közelharcnyílás. A lövegpajzs rögzítőgyűrűjén látható hat csavar alapján ez a jármű egy kései gyártású példány. Figyeljük meg a páncélvédelem növelése érdekében a homlokpáncélra rögzített hét tartalék lánctagot!

This photo reveals the curved armoured fairing protruding from the glacis plate above the driver's hatch, to accommodate the hatch for the gunner's artillery sight, along with the forward pistol port. The machined annular ring around the base of the gun barrel, with its six attachment bolts for the gun shield, identifies this vehicle as a later production example. Note also the seven spare track links mounted across the lower glacis plate for additional armour protection.

RGAKFD

Majdnem teljesen kész SzU–85-ök a szverdlovszki UZTM gyártósorán, 1944 kora tavaszán. A lövegpajzsot rögzítő hat csavar, a lövegpajzzsal egybeöntött emelőgyűrű és a harmadik jármű felépítményének oldalán látható rövidebb kapaszkodó arra utal, hogy ezek már kései gyártású önjáró lövegek. Az egyetlen, két végén hajlított csőből készült kapaszkodókat az egyszerűbb gyártás érdekében kezdték el alkalmazni 1944 tavaszától.

SU-85s near completion on the production line at UZTM in Sverdlovsk in the early spring of 1944. These vehicles are identified as late production examples by the six bolts attaching the gun shield, the integral lifting ring on the gun shield of the vehicle in the foreground, and the shortened hand rails on the superstructure sides, visible on the third vehicle in line. The hand rails, formed from a single piece of tubing bent at each end, were introduced in the spring of 1944 to simplify production.

Az SzU–85-ök bevagonírozásának végeztével a kezelőszemélyzetek indulásra várnak Szverdlovszkban. A legközelebbi önjáró löveg a parancsnoki kupola elején látható pótpáncélzat és a kapaszkodók alapján egy korai gyártású jármű. A vadonatúj SzU–85-ök teljes felszereltséggel, tartalékalkatrészekkel és a katonák személyes felszereléseivel megpakolva indulnak az arcvonalra.

SU-85 crews await their departure from Sverdlovsk in the summer of 1944, having loaded their vehicles onto a train bound for the front. The vehicle nearest the camera is an early production example as evidenced by the applique armor plate visible on the front of the commander's cupola, and the fabricated hand rail on the superstructure side. The factory-fresh SU-85s carry a full complement of stowage and spare parts are stacked along with the crew's gear on the superstructures and rear decks.

RGAKFD

Járműveik előtt osztják ki a kezelőszemélyzetek élelmiszer fejadagját Szverdlovszkban, 1944 tavaszán. Ezek kései gyártású SzU–85-ök, amint azt a lövegpajzsuk és kapaszkodóik bizonyítják. Mindkét járművön a „Szovjet Aranybányász” felirat olvasható, mivel részben a Hakaz Arany Vállalat finanszírozta a gyártásukat. Figyeljük meg az ásót a közelebb álló jármű jobb sárvédőjén, amit a lánctalpakra való jégkarmokkal egybeszíjazva rögzítettek a helyére. Számos SzU–85-ről készült fényképen látható, hogy ez bevett szokás volt.

Several SU-85 crews distribute food packages in front of their vehicles in Sverdlovsk during the spring of 1944. The SU-85s are late production examples as revealed by their gun mounts and superstructure hand rails. Both vehicles carry the inscription ‘Soviet Gold Miner’ having been funded in part by donations from the Hakaz Gold Trust. Note the shovel carried on the right-hand fender of the nearest vehicle, strapped together with the ice cleats for the tracks. This is a standard stowage fitting seen on many SU-85s.

Szovjet katonák utaznak egy SzU–85-ön a romániai Botosaniban 1944 nyarán. A telepítmény jobb oldalán látható rövidebb kapaszkodó alapján ez egy viszonylag kései gyártású jármű. A páncélvédelem növelésére, illetve sérülés esetén tartalékként alkalmazott, hét tagból álló tartaléklánctalpat a vezetőfog nélküli tagokon található, a jégkarmok rögzítésére szolgáló lyukakon keresztül csavarozták a homlokpáncélra.

Soviet troops ride an SU-85 through the streets of Botosani, Romania in the summer of 1944. The vehicle is identifiable as one manufactured relatively late in the production cycle, by the shortened hand rail visible on the right-hand side of the superstructure. The seven track links on the glacis were secured in place by bolts passed through the ice cleat attachment holes in the 'toothless' track links. They served both as spare track links and as additional frontal armour protection.

A képen a 3. Balti Front 67. hadseregének alárendeltségébe tartozó 1047. önjáró tüzérezred SzU–85-e látható Litvánia fővárosában, Rigában, 1944 októberében. Az alakulat járművei háromjegyű harcászati azonosítószámot kaptak; jelen esetben a “845” talán a 4. üteg ötödik járművét jelenti. Egy átlagos ezred négy, egyenként öt SzU–85-öt számláló ütegből, és az ezredparancsnoki önjáró lövegből állt. Figyeljük meg az ezred harcjárműveire jellemző két fehér szegélyű csillagot!

This photo shows an SU-85 from the 1047th Self Propelled Artillery Regiment serving with 67th Army on the 3rd Baltic Front in Riga, Latvia in October of 1944. This unit marked its vehicles with three-digit tactical numbers – in this case ‘845’ which may indicate the fifth vehicle in the fourth battery. A typical regiment had four batteries of five SU-85s, plus another for the regimental commander. Note also the two white outline stars either side of the number, which were typical of this regiment.

Strategia KM

Újabb fénykép ugyanarról az SzU–85-ről, immáron mozgás közben. A hiányzó első sárvédő és a sérült oldalsó sárvédő gyakori látvány a balti régió erdős területein tevékenykedő harcjárműveken. A legtöbb külső felszerelés hiányzik a járműről. A tartaléklánc két hiányzó tagja láthatóvá teszi a homlokpáncélra hegesztett két menetes rudat, amelyekre a jégkarmok rögzítésére szolgáló lyukakon keresztül a lánctalpat csavarozták.

Another photo of the same SU-85, this time in motion, shows the missing front fenders and damage to the side fenders, which was common when operating in the often heavily wooded terrain in the Baltic regions. The vehicle is missing much of its external stowage. The absence of two out of the seven spare track links reveals the two tapped rods on the glacis plate, into which bolts were inserted through the ice cleat mounting holes in the 'toothless' track links to hold the spare tracks in place.

Ahogy az SzU–85 elhalad a kamera előtt, láthatóvá válik, hogy a jármű hátsó sárvédői is hiányzanak. Bár a külső felszerelések többsége hiányzik, a vontatókábelt, amit a bal hátsó vonóhorogba akasztottak, megtartotta a kezelőszemélyzet. Ennek másik vége valószínűleg a felépítmény bal oldalának hátsó részén található, a ponyva lekötözésére szolgáló rögzítőgyűrűbe beakasztva. A felépítmény oldalán „Halál a német betolakodókra!" felirat olvasható.

A rear view of the same SU-85 as it moves past the camera reveals that the rear fenders too are missing. Despite the absence of much external stowage, the crew has retained the tow cable which is attached to the rear left-hand towing shackle, with its front end presumably secured to the tie-down loop on the left-hand rear corner of the superstructure. The inscription on the superstructure side reads 'Death to German Invaders!'.

A 3. Balti Front 1047. önjáró tüzérezredének egyik kezelőszemélyzete pózol egy SzU-85 előtt. A harcászati azonosítószám egy része sajnos ki van takarva, de a "01" alapján elképzelhető, hogy a képen az ezredparancsnok, Mihail Szmirnov alezredes látható a személyzetével. Jól megfigyelhető az alakulatjelzés és a nemzeti felségjel, valamint a korábbi hegesztett emelőgyűrűt felváltó, a lövegpajzzsal egybeöntött új emelőgyűrű.

The crew of another SU-85 from the 1047th Self Propelled Artillery Regiment on the 3rd Baltic Front, poses in front of their vehicle. The complete tactical number is obscured but the '-01' suggests that this may be the regimental commander, Lieutenant Colonel Mikhail Smirnov, and his crew. The photo also provides a good view of the unit crest aft of the tactical number and national markings. Note the integral lifting ring on the upper side of the gun mount, which replaced the earlier welded-on lifting hook.

Ezen a fényképen szintén a 3. Balti Front 1047. önjáró tüzérezredének két további SzU–85-ét láthatjuk 1944 októberében, nem sokkal azelőtt, hogy az alakulatot a 2. Balti Front 1. csapásmérő hadseregének alárendeltségébe utalták. A fát éppen kidönteni igyekvő SzU–85 – amennyiben ez jellemző volt az ezredre – rávilágít arra, hogy miért is látni olyan sok képet, amelyen az alakulat önjáró lövegeiről hiányzik az első sárvédő. Figyeljük meg a tároló doboz mögé rögzített önmentő gerendát, amely a jármű elakadása esetén segített a kivontatásában!

This photo shows two more SU-85s from the 1047th Self Propelled Artillery Regiment, serving with the 3rd Baltic Front in October 1944, shortly before the unit transferred to the 2nd Baltic Front under the control of 1st Shock Army. The vehicle on the left is indulging in a little tree pushing which, if common within the regiment, helps explain the lack of front fenders on many of the unit's vehicles. Note the unditching beam secured to the rear left-hand fender, behind the stowage box.

Ez az SzU–85 a jobb oldali futóművével belefutott egy sáros út keréknyomába, a fehér-oroszországi Minszk közelében, 1944 júniusában. Miután a jármű hasa felfeküdt a talajra, a személyzet kivágott fák törzsét a lánctalp útjába fektetve igyekszik megnövelni a futómű kapaszkodási lehetőségét. Ez az önjáró löveg az 1. Belorusz Frontnál teljesített szolgálatot, de a pontos egységet nehéz beazonosítani, mivel a front alárendeltségében ekkortájt több mint egy tucat önjáró tüzérezred tevékenykedett.

This SU-85 has run its right-hand track into a rut in a muddy road near Minsk, Belarus in June 1944. The vehicle has bottomed out (note the way the hull is touching the ground) and the crew is positioning unditching beams cut from trees to provide additional traction. The vehicle is serving with the 1st Belorussian Front. The exact regiment is difficult to identify since more than a dozen Self Propelled Artillery regiments with SU 85s were operating with the 1st Belorussian Front at that time.

RGAKFD

Az 1. Belorusz Front SzU–85-einek oszlopa Minszk központjában elhalad egy 37 mm-es M1939 (61–K) légvédelmi ágyú mellett 1944 júliusában. A felmálházott harcjárműveket feltehetőleg az ellenséges légitámadások miatt álcázták faágakkal. Az elöl látható SzU–85 a Minszk környéki jellemzően sáros terep miatt több önmentő gerendát is hordoz a sárvédője felett. Jól látható az UZTM gyárban készült harcjárműveken alkalmazott "gofri" mintázatú lánctalp.

A column of SU-85s from the 1st Belorussian Front passes a 37mm Anti-Aircraft Gun Model 1939 (61-K) in the center of Minsk in July 1944. The vehicles are camouflaged with tree branches, presumably against air attack, and are heavily stowed. The SU-85 in the foreground carries numerous logs on the fenders to facilitate traction in the muddy conditions frequently encountered around Minsk. The relatively clean tracks illustrate the 'waffle' track pattern fitted to vehicles produced by UZTM.

A fehéroroszországi Mogiljev vasútállomásának közelében lefényképezett SzU–85 katasztrofális sérülést szenvedett a homlokpáncélját átütő egy – de lehet, hogy két – találattól. Az egyik találat jól látható a homlokpáncél és a teknő frontpáncéljának illeszkedésénél közepén, míg a másikra a törött és helyéről kimozdult löveg utalhat. A járművet egy belső robbanás semmisítette meg; legalábbis erre enged következtetni a helyéről részben kimozdult parancsnoki kupola.

This SU-85, photographed near the railway station at Mogilev, Belorussia in the summer of 1944, has suffered catastrophic damage due to one, possibly two penetrating hits on the glacis. One penetration can be seen in the center of the joint between the glacis and the lower front hull, while there is evidence of another which has fractured and torn away the lower gun mount. The vehicle has suffered an internal explosion (note the partially detached commander's cupola)

RGAKFD

Egy SzU–85 hajt keresztül az ukrajnai Lvov utcáin 1944 júliusában. A képen számos kisebb részlet megfigyelhető, mint például a vonóhorog rúgós rögzítő fülei és a négyszögletes nyílás a páncélteknő frontlemezének jobb első részén. Ez utóbbin keresztül lehetett a meghajtókereket beállítani, ugyanis a belső térből az oda helyezett lőszertartó miatt nem lehetett hozzáférni. Ez a nyílás csak az önjáró lövegeken volt megtalálható (SzU–122, SzU–85, SzU–100), a T–34 közepes harckocsin nem.

An SU-85 drives through Lvov, Ukraine in July 1944. The photo illustrates numerous minor details including the spring-loaded retaining clips for the tow shackles and the small rectangular inspection port on the lower front hull, which was used to access the right-hand idler crank adjustment limiter, which was obstructed from the interior of the vehicle by an ammunition rack. This port was present only on the SU-122, SU-85 and SU-100 and not on the T-34 Medium Tank.

Péter Kocsis Collection

A német csapatok sok zsákmányolt SzU–85-öt szolgálatba állítottak. Ezen a képen a 23. páncéloshadosztály 128. páncélvadászosztályának tisztjei vizsgálnak egy ilyen járművet Romániában 1944 nyarán. Ez az egység legalább két SzU–85-tel rendelkezett, de egyes források négyet említenek. Az önjáró lövegeket átfestették, sötét sárga alapszínre olívzöld terepfestést fújtak. A zsákmányolt felszereléseket mindig jól látható jelekkel látták el (általában nagyméretű hasábkereszttel), hogy kellőképp figyelmeztessék a német irányzókat.

A number of SU-85s were captured and placed Into servlce by German forces. Here German officers from the 128thPz.Jg.Abt, 23. Pz.Div examine one such vehicle in Romania during the summer of 1944. This unit fielded at least two SU-85s and may have had as many as four, repainted in overall Dunkelgelb with a wavy overspray of olivgrun. Captured enemy equipment always prominently marked with identification symbols, typically large balkenkruze, to avoid attracting the attention of German gunners.

Péter Kocsis Collection

Egy közelebbi fénykép az előző felvételen látható SzU–85-ről. Ez a jármű a lövegpajzsa, egy darabból álló kapaszkodó rúdja és a homlokpáncélra rögzített tartalék lánctagok alapján egy tipikusan 1944 késő tavaszán vagy kora nyarán készült önjáró löveg. A jobb első vonóhorogban egy „U" alakú összekötő elem látható. Figyeljük meg a háttérben látható második SzU–85-öt! Különböző fényképek alapján a 128. páncélvadászosztály SzU–85-eire nem minden esetben festették fel a felépítmény oldalára a fekete, háromjegyű harcászati azonosítószámot.

This photo provides a closer view of the same SU-85. The vehicle is a typical late spring or early summer 1944 production SU-85 with the late style gun mount and shield, one-piece hand rails on the superstructure sides and spare track links mounted across the glacis. A towing shackle is present on the forward right-hand towing hook. Note the second SU-85 in the background. Different photos show SU-85s from the 128thPz.Jg.Abt with and without black three-digit tactical numbers on the superstructure sides.

Thomas Anderson Collection

Egy ismeretlen német alakulat zsákmányolt SzU–85-e 1944 nyarán, a lövegpajzsára terített légi azonosító zászlóval. Ennek a járműnek is kései típusú lövegpajzsa, egyszerűsített kapaszkodója és hét tagból álló tartalék lánctalpa van, ami alapján 1944 tavaszán, vagy később készült. Az ugyanerről az önjáró lövegről készült fényképeken látni, hogy a felépítmény oldalán szovjet mintájú, „144"-es harcászati azonosítószám van felfestve, ami azt valószínűsíti, hogy a képek készítésekor a járművet nem használták a német csapatok.

An SU-85 from an unknown unit in the summer of 1944, with a German air recognition flag draped over the gun mount. This vehicle too has the late style gun mount, one-piece hand rails on the superstructure sides and seven spare track links across the glacis, indicating that it was completed during or after the spring of 1944. Other photographs reveal that this vehicle carried the Soviet tactical number '144' on the superstructure sides, suggesting that it was not in use by German forces when the photo was taken.

Ismét egy, a német csapatok által zsákmányolt SzU–85, ez alkalommal a töltőkezelő búvónyílására terített légi azonosító zászlóval. Ez az önjáró löveg szintén 1944 tavasza után készült, amit mi sem bizonyít jobban, hogy a parancsnoki kupolán nincs tartalékpáncél, és a felépítmény oldalán egy darabból készült a kapaszkodó. A látványos német jelzések hiánya arra utal, hogy ezt a járművet nem vették használatba a zsákmányolók, és a zászló valószínűleg csak egy alakulat helyzetét jelöli.

Another SU-85 captured by German forces and draped with a German air recognition flag, this time on the loader's hatch. This vehicle is also a post-spring 1944 production example judging from the absence of applique armour on the commander's cupola and the short one-piece hand rail on the superstructure side. The lack of visible German markings suggests that this vehicle was not in use by German forces, and the flag may simply have been intended to mark a unit's position.

Olyan, ritkán látható részleteket ismerhetünk meg ezen a súlyosan megrongálódott SzU–85-ről 1944 tavaszán, Ukrajnában készült felvételen, mint a tetőpáncélzat elemei és az irányzóműszer nyitott nyílása. A járművel valószínűleg egy belső robbanás végzett, amely elpusztította a futómű egy részét, leszakított pár futógörgőt és a jobb oldali sárvédő első szakaszát. Jól láthatóak a külső üzemanyagtartályok tartói.

This photo of a heavily damaged SU-85, taken in Ukraine in the spring of 1944, provides a rare view of the superstructure roof details including the open gunner's sight hatch. The vehicle has likely suffered an internal explosion which has destroyed parts of the suspension, detached several of the road wheels and torn away the forward right-hand fender. The vehicle carries the holders of forward fuel tank.

Ezen az 1944. július 27-ére keltezett fényképen egy kései gyártású SzU–85 látható egy hatszögletes toronnyal felszerelt T–34 mellett egy német javítóbázison. A közepes harckocsival ellentétben az önjáró lövegen nem látható sérülés, bár a hátrasiklott helyzetben álló löveg belső meghibásodásra utalhat. A homlokpáncélon látható hiánytalan tartalék lánctalp mellett a felépítmény oldalán is tartalék lánctagok vannak, amelyeket a kapaszkodóba akasztottak bele.

This photograph, dated June 27th 1944, shows a late production SU-85 sitting alongside a hexagonal-turret T-34 in a German maintenance yard. Unlike the heavily damaged T-34, the SU-85 shows no visible damage though the depressed gun barrel may indicate internal damage. The vehicle carries a full complement of spare track links on the glacis plate and an additional spare track link on the superstructure side, mounted on the hand rail.

Ria Novosti

A 3. Ukrán Front egyik SzU–85-e a lövészárokból figyelő szovjet tisztek mellett halad el a romániai Tiraszpol közelében 1944 augusztusában. Mivel a töltőkezelő kint ül a búvónyílásában, a kép minden bizonnyal az ellenségtől távolabb készülhetett. Figyeljük meg a lehajtott antennát a felépítmény jobb felső sarkában, az álcázásra használt növényzetet és a szinte teljesen hiánytalan külső felszerelést!

An SU-85 operating under the control of the 3rd Ukrainian Front advances past Soviet officers observing from a trench near Tiraspol, Romania in August 1944. The presence of the loader in his open hatch suggests that this photograph was taken some distance from the enemy. Note the retracted position of the radio antenna on the upper front corner of the superstructure, the branches used as camouflage and the almost complete lack of external stowage on the vehicle.

A 3. Ukrán Front egyik SzU–85 önjáró tüzérezredének menete Bukarest utcáján 1944 szeptemberében, miután Románia átállt a Szovjetunió oldalára. Ezek a harcjárművek tipikusan az 1944 tavaszán, nyarán készült sorozatból valók, mivel már kései gyártású lövegpajzsuk, egyszerűsített kapaszkodójuk van, és tartalék lánctagok lettek a homlokpáncéljukra erősítve. Mindkét löveg csövén porvédő huzat látható, ami bevett szokás volt, hogy poros területeken így óvják a fegyverzetet, illetve minél kevesebbszer kelljen azt kitakarítani.

Several SU-85s from a regiment serving with the 3rd Ukrainian Front parade past Romanian troops and civilians in Bucharest, Romania in September 1944 after Romania signed an armistice with the Soviet Union. The SU-85s are typical production examples from the spring/summer of 1944 with late style gun mounts, one-piece hand rails and spare tracks on the glacis. Both vehicles visible in the photograph carry canvas dust covers over the gun muzzles, a common practice in dusty conditions to reduce the need to clean the gun bores.

Strategia KM

A 2. Balti Front 1047. önjáró tüzérezredének SzU–85-ét Litvániában, Riga közelében fényképezték le 1944 októberében. A jármű bal oldali középső három futógörgőjét fémgörgőre cserélték. Bár ezek a görgők elősegítették a gumival való takarékoskodást, ugyanakkor rendkívül kényelmetlenné tették az utazást és sokkal nagyobb igénybevételnek tették ki a jármű felfüggesztését. A javítást végző alegységek igyekeztek ezeket a görgőket a középső lengőkarokra felszerelni, az első és hátsó karokra gumírozott görgőket tenni.

This SU-85 from the 1047thSelf-Propelled Artillery Regiment of the 2nd Baltic Front is photographed near Riga, Latvia in October 1944. The vehicle has had the center three wheels on the left-hand side of the vehicle replaced with all-steel wheels. While these wheels helped to conserve rubber, they caused a very uncomfortable ride and increased stress on the suspension components. Wherever possible, maintenance personnel restricted their use to the central positions and fitted rubber tired wheels at the front and rear.

Thomas Anderson Collection

Ebből a kilőtt SzU–85-ből rögtönzött útjelzőt csináltak a német csapatok egy vidéki településen 1944 késő tavaszán. Az egyszerűsített kapaszkodó a felépítmény oldalán és a parancsnoki kupola oldaláról hiányzó tartalékpáncél arra utal, hogy a járművet valamikor 1944 tavaszán gyártották. A 85 mm-es löveg félig hátrasiklott állapotban áll, vélhetőleg a járművet elpusztító belső tűz miatt.

This knocked out SU-85 has become an improvised signpost for German forces in a country village in the late spring of 1944. The simplified hand rail visible on the superstructure side marks this vehicle as an example produced during or after the spring of 1944, as does the lack of applique armour on the commander's cupola. The 85mm gun barrel is in a partially recoiled position, presumably due to internal damage caused by the fire that destroyed the vehicle.

Thomas Anderson Collection

Ugyanaz az SzU–85 az ellenkező irányból fényképezve. Itt még inkább látható a leegyszerűsített kapaszkodó kivitelezése. Míg a jármű jobb oldalának farán fent van egy 90 literes külső üzemanyagtartály, addig a bal oldalon egyik sincs a helyén. A felépítmény oldalára festett harcászati azonosítószámot nehéz pontosan kiolvasni, lehet “81” vagy “87” is egy fehér körben. Figyeljük meg a vezető búvónyílása alatt vízszintesen rögzített páncéllemezt, amelynek az volt a feladata, hogy egy esetleges, a nyílás alatt becsapódó találat esetén eltérítse a lövedéket!

This photo shows the same SU-85 from the opposite side. The simplified hand rail is more readily visible in this picture. The vehicle carries a single 90-litre cylindrical fuel tank on the right-hand side but no tanks on the left-hand side. The tactical number on the superstructure side is difficult to make out but is either a white ’81’ or ‘87’ within a circle. Note the horizontal armor strip across the glacis in front of the driver’s hatch, intended to prevent shot splash from entering under the lower edge of the hatch.

Ez az SzU–85, amely 1944 tavaszának végén, vagy nyarának elején készült, a 2. Ukrán Front 18. harckocsihadtestének 1438. önjáró tüzérezredéhez tartozott. A harcjárművet 1944. október 8-án lőtték ki a magyar csapatok Délkelet-Magyarországon, Szentes közelében. A találat a lövegpajzs és a felfüggesztés közötti „találati csapdánál" ütötte át a páncélzatot, amitől az önjáró löveg kigyulladt és kiégett. A láncfeszítőkereket valószínűleg már utólag távolították el, mivel a futóművön és a felfüggesztésen nem látszik sérülés.

This SU-85 is a spring/summer 1944 production example. It served with the 1438th Self Propelled Artillery Regiment as part of 18th Tank Corps on the 2nd Ukrainian Front. It was knocked out by Hungarian troops near Szentes in south eastern Hungary on October 8th 1944. The vehicle took a penetrating hit in the shot trap at the juncture of the gun shield and mantlet, caught fire and burned out. The missing idler wheel may have been removed after the vehicle was knocked out, since there is no damage to the wheel or its mount.

HM-HIM

Az előző képen látható SzU–85-ről közelebbről készült képen jobban megvizsgálhatjuk a találatot, amely megsemmisítette a harcjárművet. A lövedék a lövegpajzs bal oldalába csapódott, letört belőle egy darabot, átütötte a löveg felfüggesztését és kimozdította a löveget a helyéről. Mivel a láncfeszítőkerék hiányzik, nem egyértelmű, hogy az önjáró löveg a kilövése előtt veszítette-e el a bal oldali lánctalpat, vagy a magyarok szedték-e le a járműről.

This photo shows the same SU-85, and provides a closer view of the hit that destroyed the vehicle. The projectile impacted at the left-hand side of the gun shield, blowing away part of the shield, penetrating the mantlet and knocking the gun out of battery. The lack of damage to the idler wheel makes it unclear whether the SU-85 shed its left-hand track and was immobilised before being knocked out, or if the track was subsequently removed by the Hungarians.

HM-HIM

Annak ellenére, hogy ez az ugyanarról az SzU–85-ről, jobb oldalról készült kép gyengébb minőségű, jól látható, miként emésztette el a tűz a harcjárművet és égette le a gumikat a futógörgőkről. Figyeljük meg, ahogy a 90 literes külső üzemanyagtartályok első három rögzítőpántja egy találat, vagy egy ütközés következtében hátrahajlott! A járműről teljes egészében hiányzik a szellőzőrács és annak fedőlemeze.

Though of much lesser quality, this photograph shows the same SU-85 from the right-hand side and illustrates how fire consumed the vehicle, burning away the rubber tires from its road wheels. Note that the forward three mounting brackets for the 90-litre external fuel/oil tanks have been bent backward, due to a prior hit or to collision with an obstacle. The exhaust air grille and its cover are missing entirely.

Egy fiatal magyar hölgy pózol ugyanazon SzU–85 előtt. A képen látható, hogy a páncéltest hátsó, felső lemezét leemelték és a jármű mögé fektették a földre. A kipufogókat és a légszűrőket eltávolították, a nyitott váltóműházban jól látható a hűtőventilátor. A vezetőfog nélküli lánctagok egyetlen darabból készültek; ezeket gyakran alkalmazták az SzU–85-ökön. Ugyanakkor az SzU–85M-eken és SzU–100-okon elvétve láthatunk két darabból álló, osztott lánctagokat is.

A young Hungarian lady poses in front of the same SU-85. This photo reveals that the upper rear hull plate has been detached and is laying on the ground behind the vehicle. The exhaust pipes and engine air cleaners have been removed, and the cooling fan can be seen in the open transmission compartment. The non-toothed track links on this vehicle are one-piece links, commonly fitted to SU-85s, though split-link tracks were sometimes seen on SU-85Ms and SU-100s.

Az SzU–85-ről szemből készült fénykép jól mutatja a legjellemzőbb különbséget az SzU–85 és az SzU–85M között: előbbinek négyszögletes a parancsnoki kupolája, utóbbinak már nincs kiöblösödő, ívelt páncéllemez a löveg bal oldalán az irányzóműszer számára. Az irányzóműszer nyílása a tetőlemezen vészhelyzet esetén menekülőnyílásként is szolgált az irányzó számára. Figyeljük meg a közelharcnyílást a vezető nyílása felett, amelyet szintén elhagytak az SzU–85M-ről!

This frontal view of an SU-85 illustrates the major recognition features that distinguish the SU-85 from the SU-85M; namely the rectangular rather than cylindrical commander's cupola and the fairing on the upper left-hand side of the glacis for the forward portion of the gunner's roof hatch. That hatch was actually intended for the gunner's indirect sight but could also be used to exit the vehicle in case of emergency. Note the pistol port above the driver's hatch, which was also eliminated on the SU-85M.

Német katonák vizsgálnak egy kiégett SzU–85-öt 1944-1945 telén. Úgy tűnik, a járműre felillesztették az összes 90 literes külső üzemanyagtartályt. A páncéltest hátsó, felső részén látható téglalap alapú doboz egy fatüzelésű kályha, amelyet a harckocsik és önjáró lövegek kezelőszemélyzetei melegedésre és főzésre használtak. A kályhát a pótlánctagok rögzítéséhez hasonlóan a kipufogók feletti páncéllemezhez hegesztett, menettel ellátott rudakra szerelték.

German soldiers examine a burned-out SU-85 during the winter of 1944/45. The vehicle carries what appears to be a full complement of 90-litre external fuel and oil tanks. The rectangular box visible on the upper rear hull is a wood burning stove which was used by tank and SPG crews for heating and cooking. The stove was bolted to threaded rods that were in turn welded to the armor plate over the exhausts, in a similar manner to that used to attach the spare track links.

AKG-Images

Valószínűleg a 2. Belorusz Front 5. gárda-harckocsihadseregének 1446. önjáró tüzérezredéhez tartozó SzU–85-ök várakoznak a kelet-poroszországi Tolkemit kikötőjében (napjainkban a város neve Tolkmicko, és Lengyelország része), Danzigtól (napjainkban Gdanszk) 80 kilométerre, 1945 márciusában. A várost 1945. január 26-án foglalták el a szovjet csapatok. A felépítményre terített ponyva rengeteg részletet eltakar, de a látványos dudor hiánya a jobb oldalon azt bizonyítja, hogy az elöl látható jármű még SzU–85, nem pedig SzU–85M.

An SU-85, likely from the 1446th Self Propelled Artillery Regiment, serving with the 5th Guards Tank Army as part of the 2nd Belorussian Front, waits by the harbour in the East Prussian town of Tolkemit (now Tolkmicko in Poland) 80km east of Danzig (now Gdansk) in March 1945 after the town was captured on January 26th. The tarpaulin spread on the roof of the superstructure obscures many details but the lack of a discernible bulge along the right-hand side of the superstructure indicates that this is an SU-85 and not an SU-85M.

Ezt a jól megpakolt SzU–85-t Németország keleti részén fényképezték le 1945 kora tavaszán. A motortér tetejére 85 mm-es lőszerek ládáit zsúfolták föl, ami azt sugallja, hogy a kép jóval az arcvonal mögött készült, és a személyzet nem számít német csapatok felbukkanására. A jobb oldali sárvédőn a jégkarmokra kötözve kisebb farönkök láthatóak, amelyeket a felpuhult talajra, a lánctalp elé fektetve használtak, a bal oldali sárvédőre pedig mintha egy önmentő gerendát helyeztek volna.

This heavily laden SU-85 was photographed in eastern Germany in the early spring of 1945. The boxes stacked atop the engine deck are ammunition containers for 85mm rounds, suggesting that this photograph was taken some distance behind the front lines and that the crew were not expecting to encounter German forces. A fascine to provide extra traction over soft ground is visible on the right-hand fender and the vehicle appears to be carrying an unditching beam on the rear left-hand fender.

Az 1. Ukrán Front egyik egységének SzU–85-e az ellenséges csapatokra vár valahol Németországban a háború végén, 1945 májusában. A háborúnak ebben a szakaszában az erdős területeken támadó német gyalogság gyakran közelharcra kényszerítette a szovjet önjáró lövegeket. Az SzU–85 (és az SzU–100) nem rendelkezett másodlagos fegyverzettel, a személyzetek a járműhöz rendszeresített két PPS géppisztollyal tudtak védekezni. Emiatt sok egység parancsnoka „beszerzett” 7,62 mm-es DP golyószórókat, és alkalmaztatta azt katonáival.

An SU-85 from a unit serving with the 1st Ukrainian Front awaits German forces in Germany near the war's end in May 1945. Wooded terrain often resulted in close-range engagements with German infantry at this point in the war. The SU-85 (and the SU-100) carried no fixed secondary machine gun armament for close-in defense, only two PPSh submachine guns, so a number of unit commanders 'obtained' 7.62mm DP machine guns and deployed them on their vehicles as shown here.

AMC

Berlin közelében, 1945 áprilisában kilőtt és hátrahagyott SzU–85 egy utcán. A harcjárművet a felépítmény bal oldalának alsó részén érte a találat. A félig-meddig leégett harcászati azonosítószám előtt a közelharcnyílás látható. Érdekesség, hogy a két utolsó futógörgő a T–34/85 közepes harckocsikon 1944 végétől alkalmazott 12 küllős úgynevezett „pók" típusú változat, amit csak ritkán látni SzU–85-ön.

This knocked-out SU-85 sits in a street near Berlin in April 1945. The vehicle has taken a penetrating hit in the lower left-hand side of the superstructure – the shadow forward of the burned remains of the tactical number is in fact the pistol port. Remarkably, the two rearmost road wheels on the left-hand side have been replaced with 12-ribbed 'spider' wheels typically fitted to T-34/85 Medium Tanks from late 1944 onwards. These wheels are unusual though not unknown on SU-85s.

Két német katona egy kilőtt SzU–85-öt vizsgál. A találat a löveget tartó keretnél érte a homlokpáncélt. A becsapódás elgörbítette a keretet és átütötte a páncélzatot. A löveg bekötése megsemmisült, vagy legalábbis súlyosan megrongálódott, ami harcképtelenné tette a járművet. A parancsnoki kupolán nincs tartalékpáncél, ezért 1944 tavaszán, vagy azután készült, bár szokatlan módon a homlokpáncélzatról hiányoznak a tartalék lánctagok is.

Two German soldiers examine a knocked out SU-85. The vehicle has taken a hit at the juncture of the glacis and the collar around the gun mount, bending the armoured collar upward and penetrating the front of the superstructure. The damage has destroyed or heavily damaged the gun mount and forced the gun out of battery. The vehicle lacks applique armour on the commander's cupola, suggesting it was produced during or after the spring of 1944 but unusually, does not carry spare track links across the glacis.

AMC

Szovjet gyalogság nyomul előre két SzU–85 mögött. Tekintve, hogy mindkét jármű motorterére lőszeres ládákat málháztak, a kép minden bizonnyal egy gyakorlaton készült. A jobb oldali önjáró löveg farpáncéljának két oldalán az MDS füst-tartály rögzítési pontjai és elektromos vezetékei láthatóak, bár maguk a ködvetők nincsenek felszerelve. Ezeket 1944 tavaszát követően kezdték el felszerelni a harcjárművekre, így a kép sem készülhetett előbb.

Soviet infantrymen advance behind two SU-85s. Given the ammunition boxes on the engine decks of both vehicles, it is likely that this photo was taken during a training exercise. The SU-85 on the right carries the mounting brackets and electrical conduits for two MDSh smoke dischargers on either side of the upper rear hull, though the smoke discharger units themselves are absent. This dates the photograph as some time after the late spring of 1944 when these units were introduced.

RGAKFD

Az 1945 májusában, Berlin egyik utcáján vonuló járművek annyira zsúfoltak a rajtuk ülő lövészkatonák miatt, hogy lehetetlen megállapítani, vajon SzU–85, vagy SzU–85M változatok-e. A legelöl álló járműnek első három, és talán az utolsó futógörgője is bordázott, „pók" típusú változat, amiket minden bizonnyal sérülés, vagy csak az elhasználódás miatt cseréltek le. A kicserélt görgők között legalább két különböző gumi mintázat is felfedezhető. Érdekesség, hogy a tartalék lánctagok nincsenek egymásba illesztve.

These vehicles, passing along a Berlin street in May 1945, are so loaded with Soviet troops that it is impossible to determine whether they are SU-85s or SU-85Ms. The closest vehicle has the first three road wheels, and possibly the rearmost road wheel, replaced with the ribbed 'spider' pattern wheels due to combat damage or perhaps simply routine wear and tear. At least two different tire patterns are evident on the replacement road wheels. Note also the disconnected configuration of the spare track links.

Strategia KM

A 100 mm-es D–10S, és főleg a hozzá való páncéltörő lőszer szállítási problémái miatt az első 135 darab elkészült SzU–100 páncéltestbe 85 mm-es löveget építettek. Ez a változat lett az SzU–85M. Mivel a tervezők már eleve tisztában voltak az ellátási gondokkal, úgy szerkesztették meg a harcjárművet, hogy mindkét fegyvert bele lehessen szerelni. A képen az SzU–85M prototípusa látható 1944 tavaszán az UZTM-nél. A prototípus lényegében az SzU–85 már meglévő 85 mm-es lövegének az SzU–100 páncéltestébe építésével készült.

Due to supply problems with the 100mm D-10S gun and particularly with its armour-piercing ammunition, the first 315 SU-100 hulls were in fact completed with 85mm guns under the designation SU-85M. The difficulty had already been anticipated by the design team so the new hull could accept either weapon. This photo shows the SU-85M prototype at UZTM in the spring of 1944. The prototype essentially took the existing 85mm D-5S gun and mount from the SU-85 and fitted it into the superstructure of the SU-100.

A "403"-as harcászati azonosítószámú SzU–85M lánctalpak nélkül, kilőve hever egy behavazott mezőn 1944-1945 telén. A változatot a 85 mm-es löveg tövénél látható lövegpajzs rögzítőgyűrűje különbözteti meg az SzU–100-tól, illetve a kör alakú parancsnoki kupola az SzU–85-től. Ebből a szögből nem látható, hogy milyen sérülés végzett a harcjárművel.

An SU-85M bearing the tactical number '403' sits knocked out and missing its tracks in a snow-covered field in the winter of 1944/45. The vehicle is identifiable as an SU-85M rather than an SU-100, by the machined ring on the gun shield around the base of the 85mm gun barrel and the absence of the rectangular commander's cupola on the front corner of the superstructure. No external damage is visible from this angle to suggest how the vehicle was put out of action.

Süddeutsche Zeitung

Német katonák szemlélnek egy újabb kilőtt SzU–85M-et Kelet-Poroszországban egy hóborította mezőn 1945 januárjában. A képen jól látható az SzU–85M megváltoztatott esővédője a lövegpajzson, amit a bal oldalon meghosszabbítottak, hogy az irányzóműszert is lefedje. Az SzU–85-ökön ez még fedetlen volt, ezért az esővíz bejutott a küzdőtérbe is. Abból kiindulva, hogy a jármű nagyon alacsonyan fekszik és felgyülemlett előtte a sár, úgy tűnik, hogy elakadt és felfeküdt a talajra, s ezt követően vagy kilőtték, vagy magára hagyta a személyzete.

German soldiers examine another knocked out SU 85M sitting in a snowy field in East Prussia in January 1945. The photo illustrates the modified rain guard fitted to the gun mount on the SU-85M. The guard was extended to the left to cover the sighting aperture which, on the SU-85, was uncovered and allowed rainwater to enter the fighting compartment. The hull-down position and mud packed into the tracks suggests that the vehicle became bogged in soft ground and was either knocked or abandoned by its crew.

BPK

Ez az SzU–85M egy romos németországi városkában égett ki 1945 elején. A képen jól látható, hogy az SzU–85M és az SzU–100 küzdőterének hátsó fala az SzU–85-től eltérően függőleges volt. A korai típusú új parancsnoki kupola kétfelé nyíló ajtóval rendelkezett. Ezeket az 1945 januárja előtt gyártott SzU–85M-ekre és SzU–100-okra szerelték fel. A későbbi, nagyobb parancsnoki kupolának egyszárnyú nyílása volt.

This SU-85M sits burned out in the ruins of a German town in early 1945. The photograph illustrates the angle of the superstructure rear plate on the SU-85M and SU-100, which was vertical unlike that of the SU-85 which was angled at 10o from the vertical. The photo also shows the early style cylindrical commander's cupola with its twin hatches, which was fitted to all SU-85Ms and to SU-100s manufactured before January 1945. It was later replaced by a larger cupola with a single hatch.

BPK

Az előző képen látható SzU–85M egy másik szögből. A harcjárművön az SzU–100 nagyobb méretű lövegbekötése van, amit a legtöbb – ha nem az összes – SzU–85M-en is alkalmaztak. Ezeken már nem a bekötéssel egybeöntött, két oldalon elhelyezett emelőfül volt, csak egyetlen gyűrű a bekötés tetején. A vastagabb öntvénybe hornyokat martak, hogy a rögzítő csavarokat könnyebben lehessen ki- és betekerni. Figyeljük meg a löveg bekötésének alsó szélén látható kivágást, amely a tartalék lánctagok rögzítésére szolgáló tüskének biztosított helyet!

This is the same SU-85M as shown in the previous photo. The vehicle features the larger SU-100 style gun mount, fitted to most if not all production SU-85Ms, which eliminated the integral lifting eyes on each side in favour of a single lifting eye on the top of the mount. The thicker casting also featured grooves in the sides to provide clearance for the attachment bolts. Note that the mount has a notch in its front edge to clear the mounting point for the spare track links on the glacis.

A harmadik fénykép ugyanarról az SzU–85M-ről két találatot is felfed, amely átütötte a páncélzatot. Az egyik a löveg és a lövegpajzs találkozásánál csapódott be, a másik a lövegpajzs alatt; szinte biztos, hogy ez utóbbi végzett a járművel. Az SzU–85M és SzU–100 homlokpáncélja 75 mm vastag volt, a löveg bekötése pedig 110 mm, az SzU–85-től „megörökölt" lövegpajzs azonban csak 60 mm, így közelről viszonylag könnyű volt átütni.

This photo shows the same SU-85M as the previous two photos, and reveals two penetrating hits, one at the juncture of gun and mantlet, the other at the lower edge of the gun shield, which undoubtedly destroyed the vehicle. Though the glacis on the SU-85M/SU-100 hull was 75mm thick and the mount was 110mm thick, the gun mantlet itself was carried over from the SU-85 and was only 60mm thick, making it relatively easy to penetrate particularly at close range.

Az 1. Belorusz Front SzU–85M önjáró lövegei vonulnak Kelet-Poroszország egyik behavazott útján 1945. január 23-án. A járművön koszos téli álcázófestés és friss hó látható. A pontosan kiolvashatatlan háromjegyű harcászati azonosítószám valószínűleg pirossal lett felfestve. A vezetőnek a hideg ellenére is nyitott búvónyílása jól érzékelteti, hogy mennyire korlátozott lehetett a kilátás egy teljesen lezárt küzdőterű önjáró lövegből.

SU-85Ms from the 1st Belorussian Front move along a snowy country road in East Prussia on 23rd January 1945. The vehicles carry a dirty coat of white winter camouflage, as well as actual snow on the glacis and fenders. The vehicles bear three-digit tactical numbers, possibly in red, though the number on the leading vehicle is illegible. The extremely limited visibility available from a closed-down SU is illustrated by the fact that the driver have opened their hatches despite the cold weather.

Thomas Anderson Collection

Ez az 1944-1945 telén készült fénykép jól mutatja, hogy mennyire nehéz megkülönböztetni egymástól hátsó nézetből az SzU–85M-et és az SzU–100-at. A külső jegyeket tekintve az egyetlen tényleges, perdöntő bizonyíték a löveg bekötése és a lövegpajzs kialakítása a löveg tövénél. Ebben az esetben a parancsnoki kupola alatti kapaszkodó hiánya a kiöblösödő páncéllemezen arra utal, hogy ez a jármű egy SzU–85M. Figyeljük meg a TDP (Tankovoj Dimovij Pribor) füstképző-rendszer MDS tartályát a páncéltest felső szélén!

This photo, taken in the winter of 1944/45, shows the difficulty in distinguishing an SU-85M from an SU-100 when viewed from the rear. The only conclusive difference between the two types is the gun itself and where this area is not visible, accurate identification can be difficult. The lack of a hand rail on the fairing below the commander's cupola however, suggests that this is an SU-85M. Note the MDSh smoke canister from the TDP (tankovoy dimoviy pribor) smoke system mounted on the upper rear hull.

Ezt a szintén 1944-1945 telén lefényképezett SzU–85M-et felgyújtotta a becsapódó találat. Figyeljük meg a futógörgők leégett gumijaiból képződött hamukupacokat, illetve a hiányzó MDS tartály rögzítőpontjait és elektromos csatlakozóit! A TDP füstképző rendszert 1944 végétől szerelték fel a T–34 közepes harckocsikra és az SzU–85M, illetve SzU–100 önjáró lövegekre.

This SU-85M, also photographed in the winter of 1944/45, has taken a hit that caused it to burn – note the piles of ash between the road wheels, from the burned rubber tires. Note the mounting brackets and electrical conduits for the MDSh smoke canisters, though the canisters themselves are missing. The TDP smoke system was fitted to the T-34 Medium Tank as well as the SU-85M and SU-100 from the end of 1944 onwards.

Mirko Bayerl

Két, a hideg ellen alaposan felöltözött katona halad el egy kilőtt és kiégett, hófedte SzU–85M mellett. Az amúgy forró motortéren felgyülemlett nagy mennyiségű hó arra utal, hogy a járművet jócskán a kilövése után fényképezték le. Az önjáró lövegnek megvan mindkét MDS füsttartálya, a földön a jármű bal oldala mellett heverő tárgy pedig egy 90 literes külső üzemanyagtartálynak tűnik. Figyeljük meg a háttérben álló kilőtt T–34/85 közepes harckocsit!

Two soldiers, heavily clothed against the cold, move past a knocked out and snow covered SU-85M. The large amount of snow on the normally hot warm engine deck suggests that the vehicle was knocked out for a considerable time before the photo was taken. The vehicle retains both its MDSh smoke canisters. The object on the ground to the left of the vehicle appears to be a 90-litre external fuel tank. Note the knocked out T-34/85 Medium Tank in the background.

Hófedte, hátrahagyott SzU–85M áll egy németországi utcán 1944-1945 telén. A járművön nincsenek rajta a külső üzemanyagtartályok. Ezeket a legtöbb esetben – de nem mindig – leszerelték bevetés előtt. Jól látható, hogy a homlokpáncélon már nincs közelharcnyílás, mivel az SzU–85M-en és az SzU–100-on már csak a jobb oldali nyílást hagyták meg a parancsnoki kupola alatt.

A snow-covered SU-85M sits abandoned in a German street during the winter of 1944/45. This vehicle lacks the external fuel tanks on the upper rear hull, which were frequently though not always removed prior to going into action. Note also the absence of the pistol port on the upper front corner of the superstructure. The left-hand pistol port was eliminated on the SU-85M/SU-100 hull, though the one on the right-hand side, aft of the cupola fairing, remained.

AKG-Images

Egy súlyosan megrongálódott, hátrahagyott SzU–85M vagy SzU–100 valahol Berlin közelében egy leomlott vasúti híd mellett. A lövegcső vége lerobbant és a motortér hűtőrácsa is jelentősen deformálódott. A jármű ezen része csak könnyebben volt páncélozva, a váltóművet csak a rács és az alatta lévő zsaluk védték. Figyeljük meg az MDS füst-tartályt a farpáncélon és a felépítmény hátsó lemezéről a felépítmény felső szélére áthelyezett kapaszkodót!

A heavily damaged SU-85M or SU-100 sits abandoned by a collapsed railway overpass near Berlin in April 1945. Note the end of the gun barrel has been shot away. The exhaust air grille on the rear of the engine deck has taken considerable damage – this area was lightly armoured with only the grille and the louvres beneath to protect the transmission compartment. Note the MDSh smoke canister mounted on the upper rear hull and the hand rail relocated from the superstructure rear plate to the rear edge of the roof.

Egy láthatólag hátrahagyott SzU–85M vagy SzU–100 egy szerencsétlenül járt szekér és igáslova mellett Bécs egyik utcáján 1945 áprilisában. A futógörgők gumijának oldalán nincsenek könnyítést szolgáló lyukak. A legtöbb, ha nem az összes sorozatban gyártott SzU–85M és SzU–100 tömör gumikkal készült. Mivel a parancsnoki kupola alatt nincs kapaszkodó, ez az önjáró löveg minden bizonnyal egy SzU–85M.

An SU-85M or SU-100 sits apparently abandoned in the streets of Vienna in April 1945, next to an unfortunate cart horse which has been caught in the fighting. Note the absence of lightening holes in the road wheel tires. Most if not all series production SU-85Ms and SU-100s carried road wheels with solid tires. The absence of a hand rail on the fairing below the commander's cupola suggests that this vehicle is in fact an SU-85M rather than an SU-100.

Egy SzU–85M robog át egy berlini utcán 1945 első felében. A járműről hiányzik mindkét első, és a teljes jobb oldali sárvédő. A felépítmény jobb oldali kapaszkodójába egy ásót dugtak, a jármű hátsó részét pedig telepakolták felszereléssel. A vezető nyitott búvónyílása és a katonák nyugodt viselkedése arra utal, hogy nem számítanak ellenséges tevékenységre.

An SU-85M moves at speed along a German city street in early 1945. The vehicle is missing both its front fenders along with the entire right-hand side fender. A shovel has been secured by thrusting its handle through the right-hand side hand rail and the rear deck is liberally stacked with stowage. The open driver's hatch and relaxed attitude of the crew suggests that they are not anticipating hostile action.

Corbis

Ez az SzU–85M vagy SzU–100 egy lerombolt német város utcáin átvonuló oszlophoz tartozik. Bár ebből az irányból nehéz megkülönböztetni az SzU–85-öt az SzU–85M-től és az SzU–100-tól, a bal oldali közelharcnyílás hiánya alapján ez a jármű a két utóbbi valamelyike. A páncéltest hátulján ülő két katona szinte ugrásra kész tartása némileg ellentmond a motortéren utazó bajtársuk nyugodt viselkedésének.

This SU-85M or SU-100 is part of a column rolling through a destroyed German city in the spring of 1945. While it is difficult to distinguish an SU-85 from an SU-85M or SU-100 at this angle single gun mount and cupola are obscured, the absence of a pistol port on the left-hand side of the superstructure indicates that this is an SU-85M or SU-100. The alert attitudes of the two tank riders on the rear hull are somewhat at odds with the apparently casual soldier seated on the engine deck.

Egy SzU–85M Berlinben, 1945. május 8-án. Az új parancsnoki kupola és a lövegpajzs gyűrűje különbözteti meg a harcjárművet az SzU–100-tól. A „102"-es harcászati azonosítószámot szokatlan módon a homlokpáncél és a páncélteknő élére festették. A szám valószínűleg a felépítmény oldalán is szerepel, de ezt a fénykép beállításának szöge és a tükröződő napfény miatt lehetetlen biztosra venni.

An SU-85M travels through the streets of Berlin on 8th May, 1945. The new commander's cupola, combined with the machined ring on the gun shield at the base of the gun barrel, distinguishes this as an SU-85M rather than an SU-100. Unusually, it carries the three-digit tactical number '102' on the front edge of the glacis. The number is presumably repeated on the superstructure sides though the angle of the photo and the reflected light makes it impossible to confirm.

Ezek az SzU–85M-ek Berlinben, valószínűleg a Potsdamer tér közelében futó Stresseman úton vonulnak el, nem sokkal a harcok 1945. május 8-i befejezését követően. A legközelebb látható jármű motorterén látható néhány sérülés, amelyeket valószínűleg leomló romok és törmelékek okoztak. A kapaszkodó és a sérülékeny hűtőrács meggörbült. Jól látható a kipufogók hét csavarral rögzített borításának egyenes széle, amely az UZTM által gyártott járművekre volt jellemző, és eltért a háború után Csehszlovákiában gyártott SD-100-tól.

SU-85Ms travel down a Berlin street, possibly Stressemanstraße near Potsdamer Platz, shortly after fighting ceases on 8th May 1945. The nearest vehicle has taken some damage to its engine deck, possibly from falling debris, which has dented the hand rail and the somewhat fragile exhaust air grille. The photo illustrates the straight-sided armoured exhaust covers, attached with seven bolts, which were distinctive to UZTM vehicles and differed from the SD-100s built after the war in Czechoslovakia.

Ugyanannak az alakulatnak egy másik SzU–85M önjáró lövege egy berlini utcán, szintén 1945. május 8-án. Akárcsak az előző fényképen szereplő járművön, egy katona itt is készenlétben figyel a motortér tetején arra az esetre, ha esetleg egy német katona nem értesült volna a fegyverletételről, vagy esetleg semmibe veszi azt. Figyeljük meg, hogy a cserélt hátsó sárvédő a farpáncélra van rögzítve, nem a páncéltest oldalához! Az MDS füsttartályoknak csak az elektromos kábelei vannak meg, maguk a tartályok és tartóik hiányoznak.

Another SU-85M from the same unit on a Berlin street on 8th May 1945. Like the vehicle in the previous photo, this one carries an alert soldier on the rear deck, on the lookout for any German soldier who may not have heard or obeyed the surrender order. Note the improvised replacement rear fender attached to the upper rear hull plate rather than to the hull side. The vehicle carries the electrical conduits for MDSh smoke canisters on the upper rear hull, but lacks the canisters or their mounting brackets.

Strategia KM

Az ezredparancsnok politikai helyetteset, G. Gutsin őrnagyot hallgatják az SzU–85M-ek kezelőszemélyzetei 1945. május 8-án. Ezek az önjáró lövegek ugyanannak az alakulatnak a harcjárművei, amely az előző két képen is szerepelt. Figyeljük meg a jobb oldalon álló páncélos parancsnoki kupolájának kiöblösödő részére festett, háromjegyű „119”-es harcászati azonosítószámot! Sok ezred folyamatos sorrendben számozta járműveit; ennek értelmében a „119”-es a negyedik üteg negyedik járműve lehetett.

Crews stand in front of their SU-85Ms in Berlin on 8th May 1945 to hear Deputy Regimental Commander for Political Affairs Major G. Gutshin read Stalin's order proclaiming the cessation of hostilities. These vehicles are from the same unit as those shown in the previous two photographs. Note the three-digit tactical number '119' on the cupola fairing of the vehicle at right. Some regiments numbered their vehicles sequentially within the unit – hence vehicle '19' would be the fourth vehicle in the fourth battery.

Egy gyári munkás irányítja a V-2-34 motor beemelését egy SzU–85M-be vagy egy SzU–100-ba az UZTM gyártósorán. A 38,8 literes V-12-es motor 1800-as fordulatszámmal 500 lóerőt biztosított az SzU–85-nek, ezt azonban az SzU–85M és az SzU–100 esetében a két tonnás többletsúlyt okozó nehezebb páncélzat, löveg és lőszer miatt „feltornázták” 2000 fordulat per percre. Az SzU–85 legnagyobb sebessége 55 km/h, az SzU–85M és az SzU–100 legnagyobb sebessége 50 km/h volt.

A factory worker guides a V-2-34 engine into an SU-85M or SU-100 hull on the assembly line at UZTM. When fitted to the SU-85 hull, the 38.8 litre V-12 diesel engine developed 500 hp at 1800 rpm but this was increased to 2000 rpm for the SU-85M and SU-100 to help cope with the additional two metric tons in weight, introduced by the increased armour as well as by the larger and heavier gun and ammunition. Maximum road speed was 55 kph for the SU-85 and 50 kph for the SU-85M and SU-100.

Strategia KM

Az SzU–100 prototípusa (bal oldalon) és az SzU–85 (jobb oldalon) az UZTM próbapályáján Szverdlovszk mellett 1944-1945 telén. Jól láthatóak a két jármű felépítményének kialakítása közötti különbségek, illetve a lövegpajzsok rögzítésének eltérései a löveg tövénél. Utóbbihoz az SzU–85 és az SzU–85M esetében egy rögzítőgyűrűt alkalmaztak, az SzU–100 lövegpajzsát a magában a lövegpajzs anyagában kialakított furatokba tekert csavarok rögzítették.

The SU-100 prototype (left) stands beside an SU-85 (right) at the UZTM testing ground near Sverdlovsk during the winter of 1944/45. The photo clearly shows the differences in the superstructure design between the two vehicles. Note also the different appearance of the mounting points for the gun shield attachment bolts at the base of the gun barrel. The SU-85 and SU-85M featured a flat ring while the SU-100 featured a narrower collar with flared segments around the bolt holes.

Az SzU–100 prototípusáról készült fényképen részleteiben is jól látható a löveg új bekötése az átalakított lövegpajzzsal. A löveget a pajzsba rögzítő markáns, hatszögletű befogórész a legjellegzetesebb jegy, amely alapján meg lehet különböztetni az SzU–85M-et az SzU–100-tól. Ekkor változott meg az irányzóműszert is védő esővető kialakítása is: a korábbi változatokon az esővető műszer fölé eső rész mintegy külön toldalék elem volt, a későbbi változat esetében magát az egész esővetőt növelték meg, hogy az irányzóműszer fölé is elérjen.

This photo of the SU-100 prototype provides a detailed view of the new gun mount with its modified gun shield. The more hexagonal collar at the base of the gun barrel serves as a key identification feature to distinguish an SU-100 from an SU-85M. At this point, the gun shield lacks the extended section on the left-hand side over the telescopic sight aperture, and the extended rain shield which was added at the same time.

Az SzU–100 prototípusa egy magasabb szögből fényképezve. Látható az irányzóműszer és a töltőkezelő nyílása a tetőpáncél első részén, illetve a parancsnoki kupola a kétfelé nyíló ajtóval. Bár a jármű legtöbb külső felszerelése, mint például a jégkarmok a helyükön vannak, a vontatókábelek a fényképek készültekor nincsenek felszerelve. Figyeljük meg, hogy a parancsnoki kupola kiöblösödő részén nincs kapaszkodó! Ezeket az SzU–85M-ekre nem, és az SzU–100-okra is csak 1944 végétől kezdték el felerősíteni.

Another view of the SU-100 prototype from a higher angle reveals the gunner's sighting hatch and the loader's hatch in the roof of the superstructure, plus the early commander's cupola with its split hatch. The vehicle lacks tow cables at the time this series of photographs was taken, though other stowage items such as the ice cleats are present. Note the absence of a hand rail on the side of the commander's cupola fairing. While absent on the SU-85M, the rail was added before the end of 1944 and appears on most if not all series production SU-100s.

Az SzU–100 prototípusának bal oldaláról készült fénykép további részleteket mutat a lövegpajzsról, amelyen már nincs rajta az irányzóműszer feletti külön toldalék, valamint az irányzó közelharcnyílásáról a homlokpáncélon. Figyeljük meg a bal sárvédőre szerelt tárolódobozt, amit a későbbi gyártású járműveken már hátrébb helyeztek el, illetve néha fel sem szereltek!

This photo shows the SU-100 prototype's left-hand side and affords additional details of the gun shield without the extension over the sight aperture, along with the redesigned pistol port for the gunner in the front face of the superstructure. Note the stowage box mounted at the front of the left-hand fender, which was often relocated further aft on the fender or sometimes omitted altogether on later production vehicles.

A képen remekül látható a 100 mm-es D–10S löveg rendkívül hosszú csöve, amely 56 kaliberhosszúságú volt. Az önjáró löveg teljes hossza 9,45 métert tett ki, amelyből maga a löveg 3,3 méter volt. Így az SzU–100 1,3 méterrel hosszabb lett, mint az SzU–85 és az SzU–85M, ami beépített vagy erdős területen való mozgás közben problémát okozott. Ezt azonban jócskán ellensúlyozta a D–10S löveg nagyobb torkolati sebessége, nagyobb páncélátütő képessége és nagyobb hatásos lőtávolsága.

This photo illustrates the extremely long barrel of the 100mm D-10S gun. The barrel was 56 calibres (5.6m) in length, making the SU-100 9.45m in length, of which 3.3m was the gun barrel. This made the SU-100 a full 1.3m longer than the SU-85 or SU-85M and created problems in maneuverability particularly when operating in close terrain or wooded areas. However, the D-10S's increased muzzle velocity, improved armor penetration and greater maximum range more than compensated for this difficulty.

Újabb fénykép az SzU–100 prototípusáról, amely a háttérben látható növényzet alapján minden bizonnyal valamivel később, valószínűleg 1945 tavaszán készült Szverdlovszkban. A járműre már a megnövelt esővédő lemez van felszerelve, de a parancsnoki kupola alatt még nincs kapaszkodója. A vontatókábel egyik vége a jobb első vonóhorogba van csatlakoztatva, míg a másik a helyükre málházott jégkarmok felett a jobb oldali sárvédő rögzítőgyűrűjébe.

This photo also shows the SU-100 prototype at Sverdlovsk, and was presumably taken at a later time, perhaps in the spring of 1945 as indicated by the foliage in the background. The vehicle now carries a modified gun mount with an extended rain shield, but still lacks the hand rail on the fairing below the commander's cupola. Note the tow cable now attached to the forward right-hand towing eye, with its other end secured to a tie-down loop over the ice cleats on the right-hand fender.

Az előző képen látható önjáró löveg 1945 tavaszán. Jól láthatóak a korai típusú, könnyített gumiperemű futógörgők. Ezek csak a prototípusra kerültek fel, a sorozatban gyártott SzU–85M-ekre és SzU–100-okra a tömör gumival készült görgőket szerelték. A vontatókábelt az előírásnak megfelelően a bal hátsó vonóhorogba, illetve a bal sárvédőn, a felépítmény hátsó sarkában található rögzítőgyűrűbe helyezve láthatjuk.

Another photo of the SU-100 prototype in the spring of 1945 shows the early style road wheels with holes around the edges of the tires. These were a feature of the prototype but most if not all series production SU-85Ms and SU-100s carried solid-tired road wheels. The photo also illustrates the 'official' stowage arrangement for the tow cable attached to the left-hand rear towing eye with its other end secured to tie-down loop on the left-hand rear corner of the superstructure.

A képen egy, már a sorozatgyártásból kikerülő SzU–100 látható tömör, könnyítések nélküli gumival felszerelt futógörgőkkel és a parancsnoki kupola kiöblösödő, ívelt páncéllemezére erősített kapaszkodóval. Figyeljük meg az öntött bordákat a lövegpajzs oldalán, amelyek a rögzítő csavarokhoz való hozzáférést könnyítették meg! A jármű jobb sárvédőjén nincsenek rajta a bemálházott jégkarmok, de a jobb sárvédőn végigfektetett vontatókábel be van akasztva a jobb első vonóhorogba.

This photo shows a series production SU-100, as indicated by the solid road wheel tires without holes around their edges, and the presence of the hand rail on the fairing below the commander's cupola on the side of the superstructure. Note the grooves in the sides of the gun mount casting to allow access to the attachment bolts. The vehicle lacks ice cleats on the right-hand fender but carries a tow cable attached to the forward right-hand towing eye and trailing back along the fender.

Feltehetőleg az előző képen is látott sorozatgyártású SzU–100 hátsó nézetből fényképezve. A parancsnoki kupola kétfelé nyíló ajtaja és a töltőkezelő egyetlen darabból álló búvónyílása – amelynek még nincs a függőleges hátlemezen is nyíló eleme – alapján ez egy korai gyártású példány. A felépítmény hátulján látható a közelharcnyílás és a kinézőrés. Figyeljük meg a két MDS füsttartály rögzítő lemezeit és elektromos csatlakozóit a farpáncél felső részén!

This photo provides a rear view of what is presumably the same series production SU-100. The vehicle is identified as an early production example by the split hatch in the commander's cupola and the single-piece loader's hatch which lacks the lower folding section in the superstructure rear plate. The pistol port and vision slit in the rear of the superstructure are visible. Note the mounting brackets and power conduits for the two electrically fired MDSh smoke canisters on the upper rear hull.

RGAKFD

Egy önjáró tüzérezred alegysége veszi át SzU–100 önjáró lövegeit Szverdlovszkban 1944 őszén. A képen mind elöl-, mind oldalnézetből megfigyelhetjük a járműveket. Látszik, hogy az SzU–85M és SzU–100 esetében áthelyezték és átalakították az irányzó közelharcnyílását a homlokpáncélon, a felépítmény oldalának bal felső sarkából pedig elhagyták azt. A jobb oldali közelharcnyílást meghagyták, de a parancsnoki kupolától hátrébb helyezték.

A unit takes delivery of its SU-100s at Sverdlovsk in the autumn of 1944. The photo provides both front and side views of the vehicles, and illustrates the relocated and redesigned pistol port for the gunner in the superstructure front plate. It also reveals the absence of the pistol port in the upper forward corner of the left-hand superstructure side, which was eliminated in the SU-85M/SU-100 hulls. The pistol port in the right-hand side was retained but was moved aft of the cupola fairing.

Gyári munkások pózolnak egy SzU–100 előtt az UZTM gyártósorán 1944-1945 telén. Figyeljük meg a futógörgők tömör, könnyítés nélküli gumírozását. A legtöbb SzU–85M-re és SzU–100-ra ilyen görgőket szereltek, a prototípuson azonban még a könnyített változat volt. A lelkesítő felirat jelentése: „Előre Berlin felé!".

Factory workers pose with SU-100s on the assembly line at UZTM during the winter of 1944/45. Note the solid tires on the road wheels, without holes around their edges. These tires were a feature of most if not all series production SU-85Ms and SU-100s, though the prototype vehicles carried the earlier tires that included the holes. The inscription of the superstructure side of the nearest SU-100 reads 'Forward to Berlin'.

Szovjet lakosok előtt parádézik egy SzU–100 egy behavazott úton 1944-1945 telén. A felépítmény tetejére állított plakáton „Nyugatra Szverdlovszktól" felirat olvasható, ami azt sugallja, hogy a harcjárművet az UZTM egyik, a város környékén felállított üzemében készítették. A felépítmény oldalára függesztett plakátra írt szöveg jelentése: „Mindent a frontra! Mindent a győzelemért!". Figyeljük meg, hogy az első, lemezből készült sárvédők enyhén már annak ellenére is meggörbültek, hogy az önjáró löveg épp csak elhagyta a gyárat!

An SU-100 is paraded along a snow-covered street past Soviet citizens during the winter of 1944/45. The placard propped on the roof of the vehicle reads 'West to Sverdlovsk' which implies that the vehicle comes from one of UZTM's satellite facilities in surrounding cities. The placard hung on the superstructure side reads 'Everything to the Front! Everything for Victory!' Note the even on this factory-fresh vehicle, the sheet metal front fenders show signs of minor damage.

A 209. önjáró tüzérdandár 1953. önjáró tüzérezredének beásott, hátrahagyott SzU–100-a a magyarországi Simontornyán 1945 márciusában. A német csapatok március 14-én itt érték el a legmélyebb betörést támadásuk során, mikor az I. SS-páncéloshadtest és az I. lovashadtest átkelt a Sió-csatornán. Az önjáró löveg harcászati azonosítószáma „Ч66". A járművön nem igazán látható sérülés, de talán egy találat a lövegpajzs alatt átütötte a homlokpáncélt.

An SU-100 from the 1953rd Self Propelled Artillery Regiment, part of the 209th Self-Propelled Artillery Brigade, lies abandoned in a dug-in position in Simontornya, Hungary in March 1945. Simontoryna was the furthest point of the German advance on 14th March when I. SS-Panzerkorps and I. Kavalleriekorps crossed the Sió canal. The vehicle carries the tactical code 'Ч66' on the superstructure side. It is difficult to discern any damage but the vehicle may have taken a penetrating hit the glacis below the gun mount.

A 2. Belorusz Front egyik SzU–100-a biztosító állásban Danzig külvárosában, 1945 áprilisában (napjainkban Gdansk, Lengyelország). A képen jól látható az SzU–85M és az SzU–100 lövegpajzsának rögzítése közötti különbség a löveg tövénél. Figyeljük meg, hogy a vontatókábel be van akasztva a bal oldali vonóhorogba és a felépítmény bal oldala mellett van elhelyezve! A másik vontatókábel, amelyet általában a jobb oldali hátsó vonóhorogba akasztották, nem látható.

An SU-100 from a unit serving with the 2nd Belorussian Front stands guard on the outskirts of Danzig (now Gdansk), Poland in April 1945. This view clearly shows the difference between the attachment points for the SU-85/SU-85M and the SU-100 gun shields at the base of the gun barrel. Note the tow cable attached to the forward left-hand towing eye and stretched along the left-hand side of the superstructure. The second tow cable, typically attached to the rear left-hand towing eye, is invisible in this photo.

Strategia KM

A „740"-es SzU–100 az 1. Ukrán Front 13. hadseregének egyik egységénél teljesített szolgálatot Németországban, 1945 áprilisában. A kétfelé nyíló parancsnoki kupola alapján a jármű 1945 januárja előtt készült, az egyajtós nyílást ugyanis ezután kezdték el alkalmazni. Az önjáró löveg tartalék lánctalpa hiánytalan, és szokatlan módon mindkét vontatókábel az első vonóhorgokba van beakasztva.

This SU-100, carrying the three-digit tactical number '740', served with a unit of the 13th Army on the 1st Ukrainian Front in Germany, April 1945. The split hatch on the commander's cupola indicates that this vehicle was manufactured prior to January 1945, when production switched to a single hatch. The SU-100 carries a full complement of spare track links on the glacis plate and, unusually, two tow cables attached to the forward towing eyes.

Ezt a kilőtt SzU–100-at a német 4. páncéloshadosztály Danzig közelében zsákmányolta és használta 1945 áprilisában. A járművön alaposan kivitelezett terepfestés látható, de azt nem tudni, hogy a németek vagy a szovjetek készítették-e. Bár a Vörös Hadsereg önjáró tüzéregységeire az álcázófestések tekintetében ugyanazok az előírások vonatkoztak, mint a többi harckocsi- és gépesített alakulatra, és a terepfestéshez felhasználhatták akár a 7K földsárga, akár a 6K földbarna színeket. Az SzU–85-ökön és az SzU–100-okon ritkán látni rejtőszíneket.

This knocked-out SU-100 was captured and used by 4. Pz.Div near Danzig in April 1945. It is extensively camouflaged though it is uncertain whether this was done by the Germans or the Soviets. While RKKA self-propelled artillery units were subject to the same camouflage instructions as other armoured units and could use both Yellow Earth 7K and Dark Brown 6K to cover 50-70% of their vehicles, photographs suggest that camouflage was rarely used on SU-85s and SU-100s.

Egy SzU–100 az 1. gárda-harckocsihadsereg T–34/85 harckocsijainak előrenyomulását támogatja Berlin déli külvárosában 1945. április 30-án. Az összes jármű tornyán, illetve felépítményén látható az azonosításra szolgáló fehér „Berlin sáv". Az SzU–100 tetőpáncélját a löveg bekötésének felső részétől a töltőkezelő hátsó búvónyílásáig ponyva takarja. A jármű nyitott nyílásai arra utalnak, hogy az arcvonal távolabb van.

An SU-100 supports T-34/85s of the 1st Guards Tank Army as they advance through the southern suburbs of Berlin on 30th April 1945. All the vehicles carry the white 'Berlin stripe' identification device on turrets and superstructures. The SU-100 carries a tarpaulin draped over the roof of the superstructure from the upper part of the gun mount to the loader's hatch at the rear. The open hatches suggest that the vehicles are some distance behind the front lines.

Corbis

Két SzU–100 várakozik egy berlini parkban 1945 májusában. A közelebbi járműnek egy lövedék eltalálta a parancsnoki kupoláját és leszakította a nyílás ajtaját. Tekintve azonban, hogy a kezelőszemélyzet többi tagja a harcjárműben látható, az a sérülés ellenére valószínűleg bevethető maradt. Figyeljük meg, hogy mindkét járműről hiányzik a löveg bekötése feletti esővédő lemez, és így jól láthatóak az emelőgyűrűk az öntvények tetején! A háttérben két, a kölcsönbérleti szerződések értelmében a Vörös Hadsereghez került M4A2 Sherman harckocsi látszik.

Two SU-100s sit idle in a Berlin park in May 1945. The nearest vehicle has taken a glancing hit to the commander's cupola which has shot away the roof of the cupola and the commander's hatch. Judging by the other crewmen inside the vehicle however, it remained operational. Note the absence of the rain guards over the gun mounts on both SU-100s, revealing the lifting eye on top of the casting. Two Lend-Lease M4A2 Sherman tanks can be seen in the background.

Péter Kocsis Collection

Két SzU–100 a szövetségesek egyik főhadiszállásának épülete előtt 1945 késő tavaszán, vagy kora nyarán. A források szerint a kép Prágában készült, a szerző azonban nem tudta beazonosítani a helyszínt. Figyeljük meg a járművek eredeti futógörgőit! Ebből az időszakból ritkán találni olyan SzU–100-at, amelyen lecserélték a görgőket. Ha mégis, az valószínűleg harc közben elszenvedett sérülés miatt történhetett, mivel ezek a harcjárművek gyakorlatilag még nem szolgáltak annyi ideje, hogy a görgők gumijai cserére szorultak volna.

Two SU-100s sit outside an Allied headquarters building in the late spring/early summer of 1945. Sources suggest that this photo was taken in Prague though the author has been unable to identify the building. Note the original rubber-tired road wheels on both vehicles. Replacement road wheels were rarely seen on the SU-100 during this period unless replaced due to battle damage, since the vehicles did not see sufficient service for wheels to need replacement through wear and tear.

RGAKFD

SzU–100-ok tömeges díszelgése a moszkvai Vörös téren 1945. június 20-án, a Nagy Honvédő Háború végének megünneplése alkalmából. A harcjárműveken semmiféle jelzés nem látható. Figyeljük meg a két vontatókábel elhelyezését: az egyik a bal oldali első vonóhorogba és a felépítmény jobb oldalának legutolsó rögzítőgyűrűjébe van beakasztva, a másik a jobb hátsó vonóhorogba és a felépítmény legelső rögzítőgyűrűjébe!

Massed SU-100s parade in Red Square, Moscow on 24th June 1945 to celebrate the end of the Great Patriotic War. These vehicles are all completely devoid of national or unit markings. Note the stowage arrangement for the two tow cables. One cable is attached to the forward left-hand towing eye with its ‘rear’ end tethered to the rearmost tie-down loop on the right-hand superstructure side. The second cable is attached to the rear right-hand towing eye with its ‘front’ end tethered to the foremost tie-down loop.

Petr Dolezal Collection

Egy kiégett SzU–100 Brno egyik utcáján 1945 áprilisában. A kétfelé nyíló parancsnoki kupola alapján ez egy korai változat, amelyet 1945. január vége előtt gyártottak. Figyeljük meg a jármű osztott lánctalpát! Ennek a típusnak a vezetőfog nélküli tagja két részből állt, amelyeket ugyanaz a csapszeg tartott össze, ami a vezetőfoggal ellátott lánctagokat is tartotta. Az osztott tagokat egy közdarabbal meg lehetett szélesíteni, hogy laza, felpuhult talajon jobb felfekvést biztosítson a járműnek.

An SU-100 lies burned out on the streets of Brno in April 1945. The split hatch on the commander's cupola indicates this is an early production manufactured before the end of January 1945. Note the split link tracks fitted to this vehicle. The non-toothed link is comprised of two halves held together by the track pins and the single-piece toothed links on either side. The split links could be combined with regular links and extended track pins to create a wider track for improved flotation over soft terrain.

Petr Dolezal Collection

Ugyanaz a jármű a másik oldalról fényképezve. A tűz elpusztította a futógörgők gumijait. A felépítmény hátsó sarkainak kapcsos hegesztése az SzU–85M és a korai SzU–100 jellegzetessége volt. A későbbi gyártású járművek felépítményének oldallemezei egyszerűen ráfeküdtek a hátlemezre és ponthegesztéssel rögzítették őket. A jármű mellett heverő fémtárgy a motortér tetőlemezének egy darabja.

This photo shows the same SU-100 viewed from the opposite side. The fire has consumed the rubber tires on the road wheels. The interlocked joints on the rear corner of the superstructure were a distinguishing feature of the SU-8M and early SU-100. Later vehicles had the superstructure side plates extended past the rear plate, and the rear plate was simply butt-welded to the insides of the side plates. The metal objects laying in the foreground are parts of the engine compartment roof plates.

SzU–100-ok oszlopa halad el egy kihalt, elhagyatott utcán Berlinben a háború vége után. A teljes felszereltség és a páncéltest hátsó, felső részére illesztett külső üzemanyagtartályok alapján ezek a harcjárművek valószínűleg nem harcoltak a legutolsó napokban, ugyanakkor a hiányzó első sárvédők arra utalnak, hogy korábban részt vettek az összecsapásokban. A legtöbb harcoló alakulat a 100 mm-es löveg és a hozzá való lőszer gyartási problémai okozta késedelmes leszállítás miatt csak 1945 elejétől kezdte meg járműveinek átvételét.

A column of SU-100s passes down a deserted and desolate Berlin street after the war's end. The full complement of stowage, including external fuel tanks on the upper rear hull sides, suggests that this unit has not seen recent combat, though the missing front fenders indicates that the vehicles have been in service for some time. Most combat units only began receiving their SU-100s in early 1945 due to production problems with the 100mm gun and ammunition which delayed completion of the vehicles

COMING SOON!

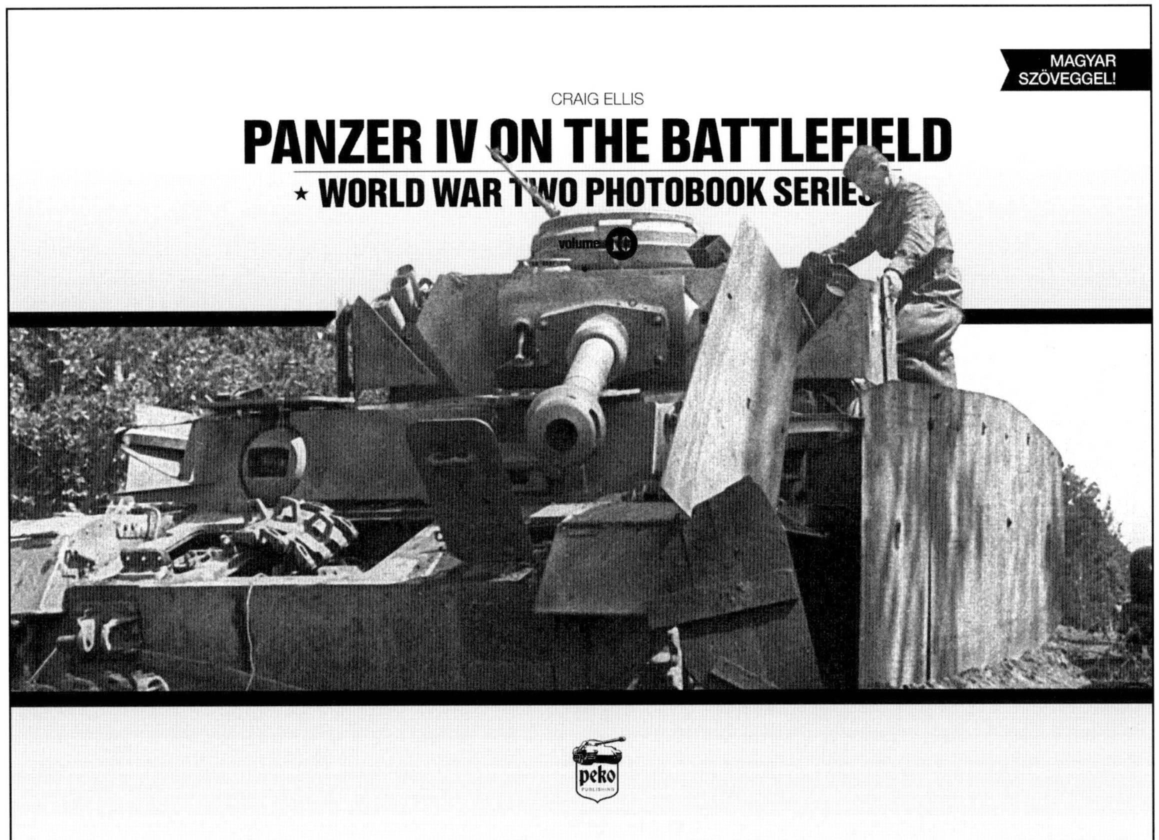
MAGYAR
SZÖVEGGEL!
CRAIG ELLIS
PANZER IV ON THE BATTLEFIELD
★ WORLD WAR TWO PHOTOBOOK SERIES
volume
peko